Götter, Gelder und Gewinne

Walter R. Kaiser

Götter, Gelder und Gewinne

Der Kapitalismus als neue Religion

Bibliographische Information der Deutschen Nationalbibliothek
Die Deutsche Nationalbibliothek verzeichnet diese Publikation in der
Deutschen Nationalbibliografie; detaillierte bibliographische Daten
sind im Internet unter http://dnb.b-nb.de abrufbar.

© 2013 Walter R. Kaiser, Heimsheim
Titelfoto: © Fotomontage W. R. Kaiser
Herstellung und Verlag:
BoD - Books on Demand, Norderstedt

ISBN: 978-3-7322-7984-5

Inhaltsübersicht

Vorwort

Religion und Kapitalismus sind gesellschaftliche Phänomene. Gleichgültig was man von Ihnen hält: Sie beeinflussen unser Leben. In unseren westlichen Gesellschaften werden wir in diesem Umfeld groß. Wir nehmen es meist gar nicht mehr war. Es ist wie Luft für einen Vogel oder Wasser für einen Fisch. Die sozialen Elemente umgeben uns, wir leben in und mit ihnen. Ein Vogel kann nicht über Luft und ein Fisch nicht über Wasser nachdenken. Als Menschen können wir jedoch die gesellschaftlichen Systeme betrachten, in denen wir uns bewegen. Doch meist tun wir das erst, wenn etwas schief läuft oder zumindest sich bemerkbar verändert.

Das religiöse Leben hat sich in den letzten Jahrzehnten sehr gewandelt. Ehemals Gläubige wenden sich ab. Fast als Gegenbewegung nehmen die Fundamentalisten zu. Nicht nur im Islam auch im Christentum gibt es Menschen, welche die für sie göttlichen Offenbarungen wortwörtlich nehmen und das hinein interpretieren, was sie für die Wahrheit halten. Manche Menschen lehnen die Kirche ab, basteln sich aber dennoch ihren ganz persönlichen Glauben zusammen. Auch der Kapitalismus wird kritisiert: oft polemisch, manchmal aggressiv in einer Fäkaliensprache.

Man sollte daher meinen, dass alle unter Religion oder Kapitalismus das Gleiche verstehen. Dem ist aber nicht so. Doch es gibt Funktionen und Erscheinungen in den Religionen, die man auch im Kapitalismus findet. Es zeigen sich mehr Gemeinsamkeiten, als man auf den ersten Blick sieht. Davon handelt dieses Buch.

Zuerst wird die Religion unter die Lupe genommen, anschließend der Kapitalismus. Es wird dann der kleinste gemeinsame Nenner gesucht, das was beide unzweifelhaft verbindet. Als Erklärungsmodelle entstehen das „Gebäude der Religion" und das „Gebäude des Kapitalismus". Die Inhalte sind natürlich verschieden, die Methoden weitgehend gleich. Beide werden als Glaubenssysteme erkannt. Zum Schluss entdeckt man, dass auch verblüffende Ähnlichkeiten dieser gesellschaftlichen Systeme mit biologischen Systemen, also Lebewesen vorhanden sind. Immer aber kann gelten: Soziale und biologische Systeme leben und sterben durch Kommunikation mit ihrer Umwelt.

Heimsheim im November 2013

Walter R. Kaiser

I Erste Einblicke

1.1 Mord, Nobelpreis und ein Fragment

Wir schreiben das Jahr 1921. *Matthias Erzberger (*1875)* ist ermordet worden. Er hatte im Jahr 1918 das Waffenstillstandsabkommen unterzeichnet, mit dem der 1. Weltkrieg formell beendet worden war. 1921 war auch das Geburtsjahr des Schriftstellers und Dramatikers *Friedrich R. Dürenmatt,* des Schauspielers und Quizmasters *Hans-Joachim Kuhlenkampff* und des Philosophen und Science-Fiction-Autors *Stanislaw Lem.* Und für 1921 hat *Albert Einstein* den Nobelpreis für Physik erhalten.

Im gleichen Jahr beugt sich der junge, erst neunundzwanzigjährige Literaturkritiker und Philosoph *Walter Benjamin (1892 – 1940)* an seinem Schreibtisch über ein leeres Blatt Papier. Er notiert ein paar Sätze und Stichworte. Er sammelt Ideen, wahrscheinlich zu einer umfangreicheren Arbeit, einen Artikel oder Buch. Die Notizen bleiben jedoch unvollständig, ein Fragment. Als Überschrift hatte er notiert: *„Kapitalismus als Religion"*[1]. Der erste Satz daraus lautet: *„Im Kapitalismus ist eine Religion zu erblicken, das heißt der Kapitalismus dient essentiell der Befriedigung derselben Sorgen, Qualen, Unruhen, auf die ehemals die sogenannten Religionen Antwort*

---

[1] Benjamin, W.: Kapitalismus als Religion, in: Kapitalismus als Religion (2009), S. 15-18, Hrsg. Baecker, Dirk

gaben." Etwa weiter unten auf seinem Blatt notiert er dann weiter: *„Gottes Transzendenz ist gefallen. Aber er ist nicht tot ..."* Das Fragment wurde nach seinem Tod gefunden und erst dann in einem Sammelband veröffentlicht. Es umfasst dort lediglich drei Buchseiten. Offen bleibt in seinem Fragment, was er unter Kapitalismus und Religion verstanden hat. Obwohl nur ein Fragment, hat die Überschrift „Kapitalismus als Religion" in der Folgezeit Soziologen, Theologen, Ökonomen und Historiker beschäftigt und zu kritischen Auseinandersetzungen angeregt.

„Im Kapitalismus ist eine Religion zu erblicken, das heißt der Kapitalismus dient essentiell der Befriedigung derselben Sorgen, Qualen, Unruhen, auf die ehemals die sogenannten Religionen Antworten gaben."

Abb. 1: Walter Benjamin und sein Fragment
Er meinte, dass Kapitalismus und Religion die gleichen menschlichen Bedürfnisse befriedigen würden. Seither wurde viel über diese Aussage nachgedacht und geschrieben.

Religionen zu kritisieren ist besonders seit der Aufklärung ab dem 17. Jahrhundert bis heute in Mode.

Es waren und sind sehr oft Atheisten, die mit scharfer Zunge und spitzer Feder religiöse Argumente zerpflücken. Auch Kritik am Kapitalismus gehört in diesen Tagen in vielen Kreisen verstärkt ebenfalls zu dem Thema, mit dem man punkten kann. Hier waren es meist Kommunisten, Sozialisten und Sozialromantiker, die negative Erscheinungen des kapitalistischen Systems schonungslos offenlegten. Sozialismus oder Kommunismus wurden als alternative Systeme propagiert. Heute sind es auch Personen, die im marktwirtschaftlich kapitalistischen System gut leben und dennoch voller Sehnsucht nach Alternativen suchen.

Doch auch viele Theologen gehören zu den Kapitalismuskritikern. Die Evangelien werden dann als richtungsweisende Ideengeber und Kontrast zum Kapitalismus vorgestellt. Das Alte Testament bleibt dabei in der Regel unerwähnt. Denn dort ging es häufig nicht gerade sehr moralisch zu. Die Gebete kreisen um Wohlergehen auf dieser Erde für sich selbst, die Familie oder den Stamm und weniger um das Seelenheil in einem nicht lokalisierbaren Jenseits.

Wenn nun Religion und Kapitalismus so vehement kritisiert worden sind und noch werden, dann sollte man meinen, dass zumindest über die beiden Begriffe Einigkeit herrscht. Dem ist aber nicht so. Je nach religiöser, politischer oder weltanschaulicher Ausrichtung verschieben sich die Definitionen. Wie verwirrend die Aussagen darüber sind, zeigt allein die vielfältige Literatur dazu. Schon eine simple

Anfrage beim Internet-Buchhändler AMAZON[2] ergibt für den Begriff „Religion in Büchern" beachtliche 31.063 und bei „Kapitalismus in Büchern" 4.695 Vorschläge. Und wenn man in der Internet-Suchmaschine GOOGLE mit dem Begriff „Religion" sucht, erhält man sagenhaft 478 Millionen Treffer, bei „Kapitalismus" immerhin noch drei Millionen. Niemand kann all diese Dokumente lesen.

Aber lassen wir nicht gleich alle Hoffnung fahren. Sinnvolle Aussagen darüber, was Religion, was Kapitalismus sind und ob sie etwas gemeinsam haben und wenn ja, was und wie sie sich unterscheiden, sind dennoch möglich.

1.2 Schöpfung, Schuld und ein Brotlaib

Es gibt Ähnlichkeiten und Analogien, die unsere Sprache suggeriert. Manche sind offensichtlich andere weniger. Beispielhaft werfen wir einen Blick auf folgende Begriffe und Bereiche: Schöpfung, Schuld, Schuldbekenntnis, Ort, Marke und Werbung

Schöpfung. In vielen, wenn nicht den meisten Religionen gibt es einen Schöpfungsmythos. Die Welt wurde von einem Gott, mehreren Göttern oder im Kampf der Naturgewalten erschaffen. In den christlichen Religionen ist dieser Schöpfungsgott mindestens allmächtig, allwissend und ewig. Die Welt ist nach dem christlichen Schöpfungsmythos aus dem Nichts

---

[2] Abfrage am 27.6.2013

entstanden, allein durch das Wort Gottes. Auch Geld ist eine Schöpfung, das praktisch aus dem Nichts entstehen kann. Die Geldschöpfung entsteht ebenfalls durch ein Wort. Das lautet: Darlehensvertrag. Nun wird heute kein Geld mehr in Form von Goldmünzen ausbezahlt, sondern durch eine simple Buchung auf das Konto des Darlehensnehmers. Es ist Buch- oder Giralgeld. Diese Beträge können, wie die Welt nach dem Schöpfungsmythos, aus dem Nichts entstehen, allein durch das Wort, also durch den Darlehensvertrag zwischen beispielsweise Bank und Ihnen. Im Prinzip jedenfalls.

Schuld. Nach der Bibel wurden die ersten beidem Menschen, Adam und Eva, schuldig. Sie versündigten sich. Ihnen hätte ein paradiesisches ewiges – aber vielleicht langweiliges – Leben bevorgestanden. Die Gegenleistung war Gehorsam gegenüber einem einzigen Gebot: nämlich nicht die Früchte eines bestimmten Baumes zu essen. Sie haben dagegen verstoßen, sich in Schuld verstrickt, verschuldet.

Schuld und Schulden klingen ähnlich. Schulden entstehen, wenn wir uns gegenüber jemandem anderen zu etwas verpflichtet haben oder fühlen. Sie entstehen in der Geldwirtschaft, wenn wir uns von anderen Personen Geld leihen. Das ungehorsame Verhalten von Adam und Eva war die Ursache der sogenannten Erbsünde, die nie getilgt werden kann. Wenn wir einen Kredit aufnehmen, sind wir verpflichtet, diese Schulden zurückzuzahlen. Wir können uns aus eigener Kraft entschulden. Das ist auch der Unterschied zu einer moralischen Schuld. Die kann nur durch andere vergeben werden, im Zweifelsfall nur durch Gott.

Schuldbekenntnis. Wer gesündigt hat, dem kann die Schuld vergeben werden. Katholiken kennen die Beichte. Dort werden die wirklichen und manchmal auch vermeintlichen Sünden bekannt. Man erhält Vergebung, muss aber Buse tun. Diese religiösen Schuldbekenntnisse bleiben unter vier Augen, denen des Priesters und des Beichtenden. Das Schuldbekenntnis im Wirtschaftsleben heißt Insolvenz. Der Schuldner ist nicht mehr in der Lage seine Schulden zurückzubezahlen, er ist zahlungsunfähig geworden. Nach einem Antrag auf Insolvenzeröffnung wird dieser Zustand schriftlich bekannt gegeben. Der Schuldner muss also auch seine Schuld(den) bekennen, öffentlich allerdings. „Vergebung" ist aber auch hier möglich. Bei Privatinsolvenz werden nach einigen Jahren des Wohlverhaltens dem Schuldner die Schulden erlassen. Sie können nicht mehr eingefordert werden.

Ort. Die Lokalitäten, an denen Religion praktiziert wird, sind in der Regel die Gotteshäuser. Gleichgültig ob kleine Wallfahrtskirche, große Gemeindekirche, Dom, Kathedrale, Tempel oder Moschee: hier finden sich die Gläubigen ein, um ihre Glaubensriten durchzuführen. Die Tempel des Kapitalismus sind Börsen, Bankengebäude und Einkaufzentren. Auch dort werden Rituale praktiziert, sind bei Kauf und Verkauf strenge Regeln einzuhalten.

Anstelle göttlicher oder kirchlicher Vorschriften und Verbote gibt es hier die Gesetze und Verordnungen des Staates. Der Markt als konkreter Ort, an dem Produkte angeboten werden, gehört auch dazu. Aber „der Markt" wird auch angesehen als eine Institution, die Regeln festsetzt, nach denen sich Marktteilnehmer zu richten haben. Damit hätte er auch gottgleiche Eigenschaften, wie wir an anderer Stelle noch sehen werden.

Marke. Jeder Marketingexperte schaut neidisch auf die religiösen Symbole. Nimmt man das christliche Kreuz oder den stilisierten Fisch, dann sehen wir hier sogenannte Bildmarken, die weltweit bekannt sind. Mit diesen Symbolen werden Wertevorstellungen und Image der Religion visualisiert und transportiert.

Fast so bekannt wie Kreuz (beim Christentum), Davidstern (beim Judentum) oder Halbmond (beim Islam) sind einige kommerzielle Weltmarken wie CocaCola, Apple, Google oder BMW. Auch sie transportieren Image, Wertevorstellungen und erlauben dadurch Identifikation mit der Marke, Zugehörigkeit zu einer Gemeinde. Das Währungszeichen für Dollar ($), Euro (€) oder früher Mark (DM) kann man auch als Marken ansehen. Auch hier entstehen Assoziationen beim Betrachter oder Leser, auch diese Währungszeichen transportieren ein Image.

Abb. 2: Werbung mit religiösen Motiven
Manche Werbung verwendet Anspielungen auf christlich religiöse Motive. Dies wirkt deshalb, weil sie im Kopf der potentiellen Käufers noch präsent sind.

Werbung. Die Verknüpfung zwischen Religion und Kapitalismus wird in der Werbung erfolgreich praktiziert. Meist genügen Andeutungen an Begriffe, Zitate oder Mythen des religiösen Umfeldes. So heißen beispielsweise Parfüms ETERNITY, Ewigkeit, oder DEVOTION, Hingabe. Und eine Bäckerei bewirbt Ihr Brot einprägsam durch die Darstellung eines Jesus mit Dornenkrone. Der umschlingt mit beiden Händen fest einen Brotlaib. Wobei sein Gesichtsausdruck zu erkennen gibt, dass er das Brot möglichst nicht hergeben möchte und er Angst hat, dass man es ihm wegnimmt. Dies zeigt deutlich, dass religiöse Motive auch heute noch in der Gesellschaft sehr präsent sind. Sonst würden die Anspielungen auf sakrale Bild- und

Textzitate nicht wirken. Wenn man sich die Anzahl GOOGLE-Treffer bei den Begriffen Religion oder Kapitalismus ansieht, dann könnte man folgern, dass sich die Menschen siebenmal mehr mit Religion als mit Kapitalismus beschäftigen.

Es gibt also offensichtliche, wenn auch vielleicht oberflächliche Verknüpfungen zwischen Religion und Kapitalismus. Doch damit ist leider nicht viel klarer geworden, was Religion und was Kapitalismus charakterisiert und ob sie überhaupt etwas gemeinsam haben. Diesen Fragen wenden wir uns nun zu. Doch eines kann man hier schon festhalten, was Religion und Kapitalismus unbestreitbar gemeinsam haben: Sie sind beide Bestandteile der jeweiligen Kultur.

1.3 Alle Menschen sind Ignoranten

Kultur besteht jedoch nicht nur aus Theater, Schauspiel, Musik, Literatur oder Gebäuden. Der Sozialpsychologe *Alexander Thomas (*1939)* definiert den Begriff so: *„Kultur ist ein universelles, für eine Gesellschaft, Organisation und Gruppe aber sehr typisches Orientierungssystem. Dieses Orientierungssystem wird aus spezifischen Symbolen gebildet und in der jeweiligen Gesellschaft usw. tradiert. Es beeinflusst das Wahrnehmen, Denken, Werten und Handeln aller ihrer Mitglieder und definiert somit deren Zugehörigkeit zur Gesellschaft. Kultur als Orientierungssystem strukturiert ein für die sich der Gesellschaft zugehörig fühlen-*

den Individuen spezifisches Handlungsfeld und schafft
damit die Voraussetzungen zu Entwicklung eigenstän-
diger Formen der Umweltbewältigung."[3]

Das wäre eine lange umfassende Definition. Sie klingt allerdings etwas sehr wissenschaftlich. In alltägliche Sprache übersetzt heißte es, dass Angehörige einer Kultur in ihrem Denken und Verhalten beeinflusst werden von dem, was die jeweilige Gesellschaft für richtig und akzeptabel hält, für normal. Das erleichtert zwar das tägliche Leben. Man ist entlastet von dauerndem Nachdenken und Entscheiden was nun richtig oder falsch ist. Dies wird jedoch dadurch erkauft, dass wir alle unsere Umwelt durch die Brille unserer Kultur betrachten. Und die Gläser dieser Kulturbrille sind gefärbt, gefärbt mit unserem (Vor-)Urteilen und unbewussten Einstellungen.

Wenn Sie durch eine Brille blicken mit rötlich gefärbten Gläsern, dann sehen Sie alles in Ihrer Umgebung rötlich gefärbt. Wenn in Ihre Brille grünlich gefärbte Gläser eingesetzt sind, dann erscheint ihnen Ihr Umfeld gründlich gefärbt. Und wenn Sie nur durchsichtiges farbloses Fensterglas in Ihrer Brille haben, dann meinen Sie, Sie würden die Welt so sehen, wie sie tatsächlich ist. Aber ist das wirklich so? Biologen, Psychologen und Physiker weisen uns jedoch nach, dass wir die Welt gar nicht so erkennen

---

[3] Thomas, A. (1996): Psychologie interkulturellen Handelns, S. 113

können, wie sie wirklich ist. Von den elektromagnetischen Wellen, zu denen auch das sichtbare Licht gehört, können wir nur einen kleinen Bereich mit unseren Augen wahrnehmen. Gegenüber Fledermäusen oder Delphinen sind wir fast taub. Und wenn wir unser Riechfähigkeit mit der eines Hundes vergleichen, dann riechen wir nur stümperhaft, was sich an verschiedenen Gerüchen in unserer Umgebung tummelt. Unsere Sensoren, also Augen, Ohren, Nase, Zunge oder Haut können von allen Eindrücken nur winzige Ausschnitte wahrnehmen. Wenn aber unsere Wahrnehmungsfähigkeit so beschränkt ist, ist es dann nicht auch unser Denken? Und was nehmen wir überhaupt bewusst war? Ist es nicht so, dass das meiste, was um uns herum tagtäglich passiert, unserer Aufmerksamkeit entgeht?

Was wir bewusst wahrnehmen wird besonders durch unsere Aufmerksamkeit gesteuert. Unsere Aufmerksamkeit wird gesteuert durch unsere Interessen. Unsere Interessen wiederum werden gesteuert durch die Zwecke, die wir verfolgen. Und woher kommen diese Zwecke, Ziele? Biologen haben darauf eine einfache Antwort: Wir wollen selbst möglichst lange Leben und unsere Gene an die nächste Generation weitergeben. Sie nennen das den sogenannten biologische Imperativ (von lat. *imperare,* befehlen, gebieten, herrschen). Diesem Endzweck würden wir letztlich alles unterordnen. Wenn das stimmt, dann folgt daraus, dass wir als Menschen nur das wahrnehmen, was unserem eigenen Überleben und dem unseren Nachkommen nützt oder zu nützen scheint.

Es geht dabei um das physische Überleben aber auch um das soziale Überleben in der Gesellschaft. Wir blenden aus, was dazu nicht erforderlich ist. Nur deshalb finden wir uns in einer unendlich vielfältigen und vernetzen Welt zurecht, werden wir nicht erschlagen von all den Ereignissen und Informationen die auf uns einprasseln. Wir setzen unbewusst Prioritäten. Wir wählen aus. Wir ignorieren, was uns nicht wichtig erscheint. Wir reduzieren Komplexität, würden Soziologen und Psychologen sagen. Man könnte es etwas überspitzt auch so ausdrücken: Wir Menschen sind sensorische Allrounder und gleichzeitig professionelle Ignoranten.

Wahrnehmungen, so können wir folgern, erzeugen keineswegs ein objektives Abbild der Umwelt. Denn unser Gehirn erhält nur Informationen aus zweiter Hand. Dazu kommt außerdem noch, dass die gleiche Wahrnehmung von verschiedenen Menschen verschieden interpretiert werden kann. Der Anblick einer neuen Brücke in schwierigem Gelände mag beispielsweise im Brückenbauer Hochgefühle hervorrufen. Ist sie doch ein Beweis seiner Ingenieurkunst. Ein Naturliebhaber sieht in der gleichen Brücke eine Verschandelung der Natur, ein widernatürlicher menschlicher Eingriff in das Ökosystem. Und für einen Auto fahrenden Manager unter Zeitdruck ist die Brücke nichts von beidem, sondern nur eine Möglichkeit, unproduktive Fahrzeit zum nächsten Termin zu verkürzen.

Wie wir über Ereignisse oder Erscheinungen denken und uns verhalten, hängt also auch davon ab, welche Bilder von der Welt wir verinnerlicht haben. Religionssysteme und Wirtschaftssysteme gehören dazu. Sie sind hilfreiche Orientierungssysteme. Sie sind jedoch keine Brillen, durch die wir blicken und die wir rasch abnehmen könnten. Sie sind eher vergleichbar mit verschiedenen Wintergärten in denen wir sitzen, die mit je unterschiedlich gefärbten Glaswänden gebaut worden sind.

Unsere Weltbilder sind also kulturell beeinflusst und in der Regel für unser bewusstes Denken verbogen. Bevor wir uns daher auf Religion und Kapitalismus stürzen, müssen wir noch klären, was eigentlich Weltbilder sind, wie Sie entstehen und welche Wirkungen sie haben. Dann verstehen wir etwas besser, weshalb es unbeirrbare religiöse Gläubige und konsequente eingefleischte Kapitalisten gibt.

1.4 Vier Kränkungen der Menschheit

Eines scheint offensichtlich: Wer an übernatürliche Wesen glaubt, an Götter oder an einen Gott, der betrachtet das Weltgeschehen und sein eigenes Leben anders, als jemand, der dies nicht tut. Für Atheisten gibt es keine jenseitige Instanz, die darüber befindet, was gut oder schlecht ist. Gesetze oder andere Regeln des Zusammenlebens sind für Atheisten von Menschen gemacht, veränderbar und immer Produkt der jeweiligen Zeit und des herrschenden Gesellschaftssystems. Für strenggläubige Menschen gibt es unumstößliche Wahrheiten, die sich nicht ändern, weil sie von einer außerweltlichen Autorität so auf Dauer festgelegt worden sind.

Wer überzeugt ist, dass der Mensch die Krone der Schöpfung ist, wird sich ebenfalls anders verhalten und anders denken als jemand, der den Menschen als ein vorläufiges Zwischenergebnis, einen weiteren Schritt von vielen noch kommenden Schritten der evolutionären Entwicklung sieht. Und jemand, der in seinem Gegenüber grundsätzlich einen potentiellen Betrüger entdeckt, vor dem man auf der Hut sein muss, verhält sich zweifellos nicht so wie jemand, der erst einmal vom Guten im Menschen ausgeht.

Weltbilder, Weltanschauungen oder Lebensphilosophien sind Filter und manchmal auch Mauern der Wahrnehmung zur Umwelt. Wobei Umwelt alles ist, was man nicht selbst ist. Und wenn man Umwelt so beschreibt, wird auch sofort klar, dass es so viele subjektive Umwelten gibt wie Individuen. Das soll nicht heißen, dass alles nur in unseren Gedanken existiert. Wer einen Tritt gegen das Schienbein bekommt merkt recht deutlich, dass es außer einem selbst im wahrsten Sinne des Wortes harte Fakten gibt, mit denen man rechnen muss. Auch wenn wir nicht mehr sind, existiert die Welt dennoch weiter.

Als Weltbild bezeichnet man die Vorstellungen, welche die meisten Mitglieder eine Gesellschaft vom Kosmos haben. Es ist so etwas wie eine populäre allgemeine Kosmologie. Bis ins Mittelalter herrschte das sogenannte ptolemäische oder geozentrische Weltbild vor (von griech. *geos*, Erde). *Claudius Ptolemäus (ca. 80 – 180 v. Chr.)* war Kartograph und Astronom. Für ihn stand die Erde im Mittelpunkt der Welt. Alle Himmelserscheinungen, außer den Fixsternen, würden sich um die Erde bewegen. Da man außerdem Kreis und Kugel als ideale geometrische Formen betrachtete, konnten – so die Vorstellung – sich diese Himmelskörper auch nur in Kreisbahnen um die Erde bewegen und die verschiedenen Himmelssphären dachte man sich als Kugeln.

Nikolaus Kopernikus (1473 – 1543) war der Ansicht, dass die Sonne Mittelpunkt der Welt sei und die Erde sich um die Sonne bewegen würde. Es war das heliozentrische Weltbild (von griech. *helios*, Sonne). Er baute auf den Ideen des griechischen Astronomen und Mathematikers *Aristarchos von Samos (310 – 230 v. Chr.)* auf, der also rund 1.800 Jahre vor *Kopernikus* diese These schon vertrat. *Johannes Kepler (1571 – 1630)*, evangelischer Theologe, Mathematiker, Astrologe und Astronom, entdeckte zudem, dass sich die Planeten nicht in Kreisen sondern in elliptischen Bahnen um die Sonne bewegen und die Sonne in einem der Brennpunkte der Ellipse stehe (Erstes Keplersches Gesetz).

Nikolaus Kopernikus	Charles Darwin	Sigmund Freud
Astronom	Biologe	Psychoanalytiker
1473 - 1543	1809 - 1882	1856 - 1939

Abb. 3: Die großen Kränkungen der Menschheit
Sigmund Freud meinte, es gäbe drei große Kränkungen der
Menschheit: Erde nicht Mittelpunkt der Welt (Kopernikus),
Mensch nur Ergebnis der Evolution (Darwin), Person nicht
Herr ihrer Motive (Freud).

Die katholische Kirche unterstützte lange Zeit
das geozentrische Weltbild des *Ptolemäus.* Passte es
doch besser zu der Überzeugung, dass der Mensch
Krone der Schöpfung sei und daher auch im Zentrum
der Aufmerksamkeit Gottes stehen würde. Doch auch
das heliozentrische Weltbild ist überholt, seit man
nachweisen konnte, dass unser Sonnensystem nur
Teil einer von vielen Galaxien ist, die sich im Universum befinden, also Ansammlungen von Materie wie
Sterne, Planeten, Gasnebel. Mit diesen Veränderungen
des Weltbildes, von geozentrischem über heliozentrisches bis hin zum galaktischen Weltbild veränderten
sich auch die Ansichten darüber, wie bedeutsam der

Mensch im Universum ist. Von der Krone der Schöpfung bis hin zu eines von vielen möglichen Lebewesen in vielen möglichen anderen Galaxien.

Die sogenannte Kopernikanische Wende sei, nach Meinung des Psychoanalytiker *Sigmund Freud* (1856 – 1939), die erste der drei großen Kränkungen der Menschheit gewesen. Die nächste Kränkung wäre durch *Charles Darwin* (1809 – 1882) erfolgt, der mit der Evolutionstheorie den Schöpfungsmythos des Menschen zerstörte. Und die dritte Kränkung habe durch ihn selbst stattgefunden. *Freud* stellt fest, dass wir nur einen kleinen Teil des Bewusstseins kontrollieren könnten, wir also gar nicht Herr in unserem eigenen Gedankenhaus wären. Heute sprechen einige Philosophen und Neuropsychologen sogar schon von einer vierten Kränkung. Sie gehen davon aus, dass es nicht einmal ein Ich gibt, sondern dass dies nur eine hilfreiche Illusion sei, die lediglich dazu dienen würde, das Leben besser zu bewältigen. Aber das wäre ein anderes, wenn auch sehr interessantes Thema, das wir hier nicht weiter vertiefen können.

1.5 Ich schau dir in die Augen, Kleines

Im Jahr 2002 wählte das *American Film Institute* den Film *Casablanca* (1942) zum besten Liebesfilm aller Zeiten. *Humphrey Bogart (1899 – 1957)* spielt darin den Barbesitzer Rick, der sich in Ilsa, dargestellt von *Ingrid Bergmann (1915 – 1982)*, verliebt und von ihr verlassen wird. Rick war Waffenschmuggler und er kämpfte auf der Seite der Republikaner im Spanischen Bürgerkrieg. Jetzt betreibt er Rick´s Café und ist zum Zyniker geworden, der für andere den Kopf nicht mehr hinhalten will. In einer Abschiedsszene sagt er zu Ilsa in der deutschen Synchronisation: *„Ich schau dir in die Augen, Kleines!"* Das Zitat steht an fünfter Stelle der häufigsten Filmzitate der letzten hundert Jahre.

Warum gerade Rick, warum gerade Casablanca? Es geht doch hier um Religion und Kapitalismus und was beide verbindet oder unterscheidet. Im Film sieht man, wie sich Personen mit verschiedenen Weltanschauungen und Lebensphilosophien begegnen. Und Rick selbst hat sich im Laufe seines Lebens verändert: vom überzeugten Widerstandskämpfer gegen Diktatur zu einem desillusionierten und resignierten Barbesitzer ohne weitere politische Ambitionen. Seine Einstellungen prägten und prägen sein Verhalten. Er nimmt nur noch das wahr und lässt nur noch das an sich herankommen, was mit seiner Anschauung, seiner Lebensphilosophie vereinbar ist.

Was aber ist eine Weltanschauung? Ein Weltbild, so haben wir gesehen, ist ein populäres Verständnis der Welt, das von Mitgliedern einer Kultur geteilt wird. Ein Verständnis darüber, wie der Mensch auf der Erde, die Erde im Sonnensystem und das Sonnensystem im Universum gesehen wird. Dieses Weltbild läuft nur im Hintergrund mit, wenn wir unsere täglichen Aufgaben bewältigen. Es ist ein mehr „theoretisches" Wissen. Eine Weltanschauung dagegen setzt sich zusammen aus unserem Wissen, unseren Erfahrungen und Empfindungen. Es gehören dazu persönlichen Wertungen, Vorstellungen und Sichtweisen.

Weltanschauung heißt Deutung der Welt, die Rolle des Einzelnen in ihr. Sie ist also ein sehr persönliches Bild von der Welt. Sie besteht weniger aus Logik und Rationalität sondern mehr aus Erfahrungen und Gefühl. Eine Weltanschauung kann aus der Sicht eines Dritten irrational sein, weil sie vielleicht objektive Fakten und offensichtliche Tatsachen ignoriert. Dennoch kann sie vernünftig sein, weil sie dem betreffenden Menschen hilft, das Leben leichter zu bewältigen, sich in der Welt besser zurechtzufinden.

Wenn diese mehr persönliche Weltanschauung systematisiert wird, wenn sie schriftlich fixiert ist und ein größerer Personenkreis sie akzeptiert, wird Weltanschauung zur Ideologie. Sie ist dann eine ausformulierte Sicht auf die Welt und den Menschen. Die Grenzen sind fließend. Eine Weltanschauung kann man teilen, einer Ideologie kann man nur anhängen oder folgen.

Weltanschauung braucht letztlich keine Rechtfertigungen. Es genügt für eine Person oder eine Gesellschaft, dass man von der Richtigkeit der eigenen Einstellungen überzeugt ist, es genügt der Glaube daran. Und je mehr andere Personen die eigene Weltanschauung teilen, desto sicher fühlt man sich nach dem Motto: So viele können sich doch nicht irren.

Aber gilt das nicht auf für Religionen? Was ist der Unterschied zwischen Religion und Weltanschauung? An dieser Stelle soll ein Kriterium genügen: Weltanschauung ist Diesseits orientiert, also immanent; Religionen sind Jenseits orientiert, also transzendent. Wer sich zu einer (natur-)wissenschaftlichen Weltanschauung bekennt, braucht keinen Gott. Er konzentriert sich bei der Welterklärung auf nachprüfbare Fakten, auch wenn er die allerwenigsten wirklich selbst nachprüfen kann. Wer allerdings den aktuellen Kenntnisstand der Wissenschaft als alleinige und absolute Erklärung nimmt, ist ein wissenschaftsgläubiger Ideologe. Er vergisst, dass alle wissenschaftlichen Erkenntnisse immer nur vorläufig sind und durch andere künftige ersetzt werden könnten. Erkenntnisse und Einsichten, die heute das Weltbild stabilisieren, können morgen überholt sein – siehe geozentrisches, heliozentrisches und galaktisches Weltbild.

2 Was ist Religion?

2.1 Religion ist Scheiße

„Seien wir ehrlich, Religion ist scheiße, oder?", so steht es in einem Beitrag vom 9.6.2010 auf der Homepage[4] einer Person im Internet, die ihre Identität sicherheitshalber nicht preisgibt. Ein paar Argumente für diese Einstellung werden zwar geliefert, die wir hier jedoch nicht wiederholen wollen. Der Titel eines Buches aus dem Jahr 2011 geht in die gleiche Richtung. Er lautet *„Heilige Scheiße"*[5]. Es sind immerhin über zweihundert Seiten, über die sich das Autorenteam ausbreitet. Der Erkenntnisgewinn aus diesen Publikationen ist allerdings begrenzt. Nehmen wir uns daher die Religion etwas weniger polemisch und aggressiv vor.

Sehr skeptisch, aber keineswegs fäkaliendurchmischt, äußerst sich *Christopher Hitchen* in seinem Buch *Der Herr ist kein Hirte*. Er schreibt[6]: *„Man muss es deutlich sagen: Die Religion entstammt der menschlichen Vorgeschichte, in der niemand ... auch nur den Hauch einer Ahnung davon hatte, was passiert. Sie kommt aus der lärmenden und verängstigen Kindheit unserer Spezies und entspricht dem infantilen Ver-*

---

[4] http://faustjucken.wordpress.com/tag/religion/, Zugriff 21.9.2013
[5] Bonner, S; Weiss, A. (2011): Heilige Scheiße: Wären wir ohne Religion besser dran?
[6] Hitchen, Ch. (2009): Der Herr ist kein Hirte, S. 84

such, unserem Drang nach Wissen und kindlichen Bedürfnissen wie das nach Trost und Bestätigung zu stillen." Und äußerst provozierend formuliert der Evolutionsbiologe und bekennende Atheist *Richard Dawkins (*1941)* in seinem Buch *Der Gotteswahn: „Ein Wahn ist etwas, an das Leute glauben trotz eines totalen Mangels an Belegen. Religion ist kaum unterscheidbar von Wahn (...). Das Wort ´Wahn´ trägt negative Assoziationen und Religion hat genug davon."* [7]

2.2 Seriösere Definitionen von Religion

Wie man Religion definierten sollte, darüber besteht selbst bei Fachleuten dieses Themas keine Einigkeit. In einer Textsammlung mit dem Titel *„Was ist Religion?"* schreibt der Herausgeber und Professor für systematische Religionswissenschaft, *Jens Schlieter*, vorsichtshalber: *„Möge der Leser bei Bedarf eine für seine Zwecke dienliche Religionsdefinition finden und, wenn irgend möglich, zugleich die Möglichkeit alternativer Religionsdefinitionen nicht aus den Augen verlieren."* [8] Eine Definition versucht dennoch der Theologe und ehemalige Professor für Religionswissenschaft *Theo Sundermeier (*1935)*. Nachdem zwar auch er festgestellt hat, dass es sehr viele Definitionen gibt und eine weitere eigentlich überflüssig sei, wagt er

---

[7] Dawkins, R. (2007): Der Gotteswahn, 4. Aufl., S. 18
[8] Schlieter, J. (2010): Was ist Religion? Texte von Cicero bis Luhmann, S. 27

dennoch seine eigene: *„Religion ist die gemeinschaftli-che Antwort des Menschen auf Transzendenzerfah-rung, die sich in Ritus und Ethik gestaltet gibt."*[9] Dass auch die Begriffe Transzendenz, Ritus und Ethik jetzt erklärt werden müssen, und auch darüber nicht eitel Einigkeit besteht, macht die Definition für Nicht-Theologen nicht unbedingt verständlicher.

Damit wäre vorerst einmal abgehakt, dass es keine allgemein verbindliche Definition von Religion gibt. Ziehen wir daher einmal das moderne Internet-Volkslexikon WIKIPEDIA zurate. Dort wird Religion wie folgt definiert: *„Als Religion (von lateinisch religio „gewissenhafte Berücksichtigung' ...) bezeichnet man eine Vielzahl unterschiedlicher kultureller Phänomene, die menschliches Verhalten, Handeln, Denken und Füh-len prägen und Wertvorstellungen normativ beeinflus-sen."*[10] Das klingt schon verständlicher. Normativ (von lat. *norma*, Richtschnur, Regel, Vorschrift) bedeutet hier, dass es sich um starke fordernde Vorschriften darüber handelt, was man tun oder lassen sollte.

Es ist zwar inhaltlich sicherlich ein Unter-schied, ob man beispielsweise von der einfachen Na-turreligion der *Shuar* im Regenwald des Amazonas-tieflandes spricht, die Naturerscheinungen als Geist-wesen sehen; ob man auf das Christentum blickt mit seinen Glauben an den einzigen Schöpfergott und den

---

[9] Sundermaier, T. (2007): Religion – was ist das?, S. 30
[10] www.wikipedia.de, „Religion", Zugriff 27.3.2013

vielfältigen Konfessionen und Glaubensvorschriften. Es gibt Religionen, die an keinen Gott glauben (Buddhismus), an einen Gott (Christentum, Judentum, Islam) oder an mehrere Götter (Hinduismus, Shinto-ismus). Aber alle sind von einer Wirklichkeit außerhalb ihrer erfahrbaren sichtbaren Welt überzeugt (Beispiel: Himmel und Gott); alle interpretieren sie ihr persönliches und gesellschaftliches Leben mit Blick durch diese religiöse Brille (Beispiel: Leben nach dem Tod, unsterbliche Seele, Wiedergeburt); alle leiten sie Gebote und Verbote von einer höheren Instanz ab (Beispiel: Zehn Gebote).

Um die Verwirrung um die Religionsdefinitionen etwas zu reduzieren, nennt der niederländische Theologe und Religionswissenschaftler *Jean Jacques Waardenburg* (*1930) drei Eigenschaften, die seiner Ansicht nach jede Religion kennzeichnen[11]: Erstens die Vorstellung von einer Wirklichkeit, die über die sinnlich erfahrbare Welt hinausgeht. Das führt dazu, dass zweitens Erfahrungen vom Einzelnen und seiner Kultur in Bezug auf diese religiöse Wirklichkeit gedeutet werden. Und drittens moralische Bestimmungen, Regeln und Gesetze, die in ihrem Absolutheitsanspruch durch eine höhere Instanz gerechtfertigt sind. Transzendenz, Deutungshoheit und Absolutheitsanspruch wären nach *Waardenburg* demnach die

---

[11] Zitiert nach Pawlik, K. (2006): Handbuch Psychologie, Kapitel Religionspsychologie, S. 905

grundlegenden Elemente, die in jeder Religion enthalten sind, unabhängig von den konkreten Glaubensinhalten

Abb. 4: Kriterien für Religion
J. J. Waardenburg nennt drei Kriterien, die für alle Religionen gelten sollen: Transzendenz, Deutungshoheit und Absolutheitsanspruch.

2.3 Glaube ist nicht Religion

Religion und Glaube werden in der Alltagssprache synonym, also gleichbedeutend verwendet. Glaube jedoch ist eine individuelle Angelegenheit. Man kann glauben, ohne einer Religionsgemeinschaft anzugehören. Viele Personen stellen sich heutzutage ihre eigene Glaubenswelt zusammen. Der protestantische Theologe *Friedrich Wilhelm Graf (*1948)* meint: *„Als Sinnbastler baut sich der moderne Mensch seine private Glaubenswelt, verknüpft etwa alte christliche Vorstel-*

lungen mit Symbolen und kultischen Praktiken anderer Religionen. (...) Wissenschaftler nennen diese Kombination heterogener Sinnelemente 'bricolage' [franz. = Bastelarbeit]. *Alles Mögliche – Politisches, die Kunst, Sex – kann religiös aufgeladen werden.*" [12] Es funktioniert wie im Selbstbedienungsrestaurant bei der Zusammenstellung eines Menüs aus den vorgegebenen Angeboten: Glaube á la McDonald.

Religion dagegen ist ein kulturelles Phänomen, unabhängig davon, ob ein Gott existiert oder nicht. Nur Gesellschaften können Träger der Kultur sein, nur in der Gemeinschaft ist Kultur möglich. Sie ist so etwas wie „mentale Software", mit der während der individuellen Entwicklung ein Mensch „programmiert" wird. Mit ihr werden schon sehr früh Denkmuster, Wertevorstellungen und Verhaltensweisen erworben, die aktuell in der Gesellschaft als richtig anerkannt sind. Religion könnte man aus dieser Sicht demnach als eine Glaubensgemeinschaft bezeichnen, in der eine weitgehende Übereinstimmung besteht a) wie man die jenseitige Welt sieht, b) wie man den Sinn den eigenen Lebens interpretiert und c) nach welchen normativen Regeln man sich verhalten soll.

---

[12] Graf, F. W.: 10 Thesen zur Religion des 21. Jahrhunderts, in: GEOkompakt Nr. 16, S. 23

2.4 Wie kann man Religion untersuchen?

Aus welchen verschiedenen Perspektiven kann man das Phänomen Religion betrachten? Da Religion eine vielschichte Erscheinung ist und keine einheitliche Definition besteht, gibt es auch vielfältige Zugänge zu diesem Thema. Vier der wichtigsten werden wir hier kurz betrachten:

Einmal kann man Religion nach ihrer Substanz, ihren Inhalten untersuchen. Hier geht es um Fragen wie: Wer oder was ist Gott? Welche Eigenschaften werden ihm zugeschrieben? Gibt es eine Seele und ein Leben nach dem Tod? Wer oder was hat die Welt erschaffen? Wie führe ich ein gottgefälliges Leben? Damit beschäftigt sich hauptsächlich die Theologie. Sie ist *„die Lehre von Gott oder Göttern im Allgemeinen, und die Lehren vom Inhalt eines spezifischen religiösen Glaubens und seinen Glaubensdokumenten im Besonderen."*[13]

Ein zweiter Weg betrachtet Religion als Teil, als Subsystem der Kultur. Fragen hier wären beispielsweise: Welchen Einfluss hat Religion auf die Gesellschaft? Warum betreiben Menschen durch Riten und Gesellschaften durch sakrale Bauten einen ökonomisch scheinbar sinnlosen Aufwand? Haben bestimmte Religionstypen Vorteile gegenüber anderen und wann ja, welche? Führt die Religion zur Toleranz oder Intoleranz gegenüber Andersgläubigen und wa-

---

[13] www.wikipedia.de: Theologie, Zugriff 20.9.2013

rum? Damit beschäftigt sich die Religionssoziologie. Der Soziologe und Gesellschaftstheoretiker *Niklas Luhmann (1927 – 1998)* meint sogar, dass nur *„Soziologie und nicht Psychologie oder Anthropologie die eigentlich zuständige Religionswissenschaft"* [14] *sei.*

Abb. 5: Verschiedene Zugänge zur Religionsanalyse
Es gibt mehrere Sichtweisen auf Religion. Man kann sich mit deren Inhalten, dem Einfluss auf Gesellschaft und Individuum oder mit der geschichtlichen Entwicklung befassen.

Eine dritte Möglichkeit fragt, wie Religion auf das Individuum wirkt. Das wäre das Gebiet der Religionspsychologie. Sie *„will religiöses Erleben und Verhalten beschreiben und deren Entstehung und Auswirkungen erklären. (...) Psychologen fragen nicht, ob Gott existiert, sondern wie die Vorstellung von Gott Einzelne und/oder Gruppen in ihrem Denken, Fühlen und Han-*

---

[14] Luhmann, N. (2000): Die Religion der Gesellschaft, S. 44

36

deln beeinflussen."[15] Fragen die dabei auftreten sind: Warum ist ein Mensch religiös? Welche Glaubensinhalte charakterisieren die individuelle Religiosität? Welche Beziehungen bestehen zwischen der Religiosität des Individuums und seiner religiösen oder nichtreligiösen Umwelt? Nach einer Umfrage aus dem Jahr 2012[16] glauben immerhin 28,3 % der Westdeutschen an einen persönlichen Gott (Ostdeutsche 11,5%). Dass es ein irgendwie höheres Wesen, eine geistige Macht gibt, glauben beachtliche 38,1 % der Westdeutschen (Ostdeutsche 16,5%). Persönliche Religiosität ist danach immer noch – trotz gegenteiliger Behauptungen – ein Faktor, der das Leben vieler Menschen beeinflusst.

Ein vierter Weg wäre, Religion als geschichtlichen Prozess zu untersuchen. Die Fragen hier wären: Wann ist das Phänomen Religion erstmals in der Menschheitsgeschichte aufgetaucht? Welche Religionen gab es in welchen Gebietsregionen zu welcher Zeit? Gibt es so etwas wie eine Höherentwicklung der Religion, von einfachen hin zu immer komplexeren Religionssystemen? Wie und warum sind Religionen entstanden und untergangen? Damit beschäftigt sich die Religionsgeschichte. Eine Theorie zur historischen Religionsentwicklung geht auf dem britischen

---

[15] Murken, S.; Namini S. (2006): Religionspsychologie, in: Handbuch Psychologie, S. 903
[16] ALLBUS 2012, Allgemeine Bevölkerungsumfrage der Sozialwissenschaften

Anthropologen *Edward B. Tyler (1832 – 1917)* zurück. *Tylor* kam durch seine Studien zu der Erkenntnis, dass sich Religionen entwickelt haben müssen aus dem einfachen Glauben an eine beseelte Natur mit Geistwesen (Animismus, lat. *anima* = Seele). Dieses Stadium gehe mit fortschreitender Entwicklung der Gesellschaft über in den Glauben an eine Götterwelt mit einer Vielzahl von Göttern für verschiedene Funktionen (Polytheismus). Dann folge in der weiteren gesellschaftlichen Entwicklung der Glaube an einen einzigen Gott (Monotheismus).

Bei der soziologischen, psychologischen und historischen Betrachtung von Religionen bleiben Fragen wie „Gibt es einen Gott?", „Gibt es ein Jenseits?", „Gibt es eine Seele?" oder „ Gibt es ein Leben nach dem Tod?" ausgeklammert. Allein dadurch, dass Gläubige dies als ihre Wahrheit ansehen und danach ihr Leben ausrichten, entsteht eine psychologische, also individuelle und soziale, also gesellschaftliche Wirklichkeit.

In ihrer Habilitationsschrift mit dem Titel *Die Evolution der Religionen* formuliert das die Religionswissenschaftlerin *Ina Wunn* so: *„Religion ist Ausdruck der menschlichen Kultur. Indem sie im menschlichen Bewusstsein tatsächlich existiert und im täglichen Leben selbstverständlich praktiziert wird, ist sie so real und unverzichtbar wie die Notwendigkeit, Nahrung und Unterkunft zu beschaffen oder normierte Verhaltens-*

und Handlungsweisen zu beachten, um auf diese Weise ein geordnetes Zusammenleben zu garantieren." [17]

IIII. Monotheismus
(ein Gott)

II. Polytheismus
(mehrere Götter)

I. Mythologisches Bewusstsein
(z. B. Schamanismus)

Abb. 6: Entwicklung der Religionen
Nach E. B. Tyler haben sich Religionen entwickelt von einfachen Geistervorstellungen über Religionen mit mehreren Göttern hin zum Glauben an einen einzigen Gott.

Doch wie in der Natur neben komplexen Lebewesen wie Säugetiere auch relativ einfache wie Würmer oder Viren neben- und miteinander existieren, existieren auch heute noch einfache Naturreligionen neben sehr ausgefeilten Religionssystemen. Weitgehend Übereinstimmung besteht darin, dass als allererste Quelle von Religiosität die Zeit anzunehmen ist, in der Menschen erstmals über den Tod nach-

---

[17] Wunn, I. (2004): Die Evolution der Religionen, Habilitationsschrift Fakultät für Geistes und Sozialwissenschaften, Universität Hannover, S. 9

dachten, über das, was nach dem Leben auf dieser Welt sein könnte. Gräber und Grabbeigaben sind dafür Zeugnisse.

2.5 Wie werden religiöse Inhalte vermittelt?

Wir haben bereits erfahren, dass es mindestens drei Kriterien sind, die eine Religion charakterisieren, nämlich: Transzendenz, Deutungshoheit und Absolutheitsanspruch. Wie aber wird dies den Gläubigen vermittelt und in ihnen dauerhaft mental verankert? Die Schrift, das Wort, die Predigt, das Bekehrungsgespräch sind dabei nur einige Mosaiksteine. In seiner Dissertation mit dem Titel *Der Gottesinstinkt – Bausteine für eine evolutionäre Religionstheorie*[18] kommt der Biologe und Theologe *Caspar Söling* zur Erkenntnis, dass es vier weltweit verbreitete Verhaltenskomplexe sind, die eine Religion begründen und festigen: Mystik, Ethik, Mythen und Rituale. Zum gemeinsamen Verständnis hier eine kurze Beschreibung dieser Begriffe.

Mystik. Darunter versteh man sehr persönliche spirituelle Erfahrungen über angeblich göttliche oder zumindest außerweltliche Ereignisse oder Erscheinungen. Mystische Erfahrungen sind damit individuelle innere Erlebnisse eines Menschen. Die betreffenden Personen haben den Eindruckt, dass das

---

[18] Söling, C. (2002): Der Gottesinstinkt – Bausteine für eine evolutionäre Religionstheorie, Dissertation, Universität Gießen

Alltagsbewusstsein überschritten wird (= Transzendenz) und man eine „höhere" Bewusstseinsebene erreicht. Berichte darüber sind objektiv nicht nachprüfbar. Ihre Glaubwürdigkeit hängt ab von der Glaubwürdigkeit der Person, die diese Erfahrung gehabt hat – oder meint, gehabt zu haben. Beispiel: Subjektive Götter-/Gotteserfahrungen durch Tiefenmeditation oder Rauschmittel.

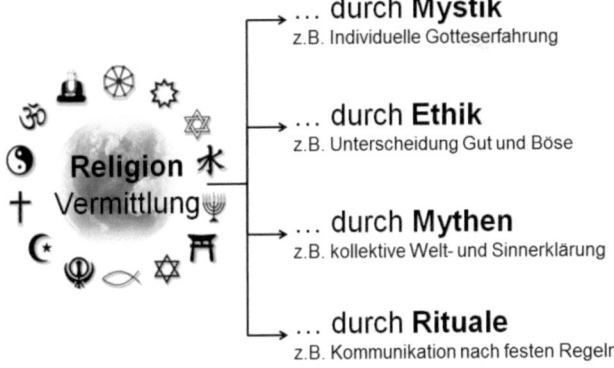

Abb. 7: Vermittlung religiöser Inhalte
Religiöse Inhalte werden vermittelt und gefestigt durch die vier Bereiche Mystik, Ethik, Mythen und Rituale. Dies gilt für alle Religionen oder religionsähnliche Weltanschauungen.

Ethik. Es ist die Beschäftigung mit Gewohnheiten, Sitten und Gebräuchen einer Gesellschaft, also deren Moral. Aufgabe der Ethik ist es beispielsweise, Kriterien für „gutes" oder „böses" Handeln aufzustellen. Sie bewertet auch die Motive und Folgen von

Handlungen. Die theologische Ethik versucht zu ergründen, was göttlicher Wille ist oder sein könnte, dem Gläubige zu folgen haben. Beispiel: Zehn Gebote.

Mythen. Darunter versteht man Erzählungen, ob mündlich oder schriftlich, durch die eine Gesellschaft ihr Welt- und Selbstverständnis ausdrückt. Mythen sind eine Art Welt- und Sinnerklärung jenseits wissenschaftlicher Objektivität. Inhalte von Mythen sind nicht nachprüfbar. Manche Mythen knüpfen an historische Ereignisse an, die jedoch ausgeschmückt, übertrieben und je nach religiöser oder politischer Zielsetzung auch manipuliert werden. Sie repräsentieren mehr den kollektiven Glauben an eine angebliche Wahrheit oder Wirklichkeit. Beispiel: Die biblische Schöpfungsgeschichte, Sündenfall, Sintflut.

Ritual. Damit bezeichnet man eine besondere Art der Kommunikation mit der Umwelt, mit anderen Menschen oder Geistwesen. Es können Wortformen, Gesten, Mimik oder Handlungen sein – oder eine Kombination diese Elemente. Die laufen nach weitgehend festen formellen Regeln, dem Ritus, ab. Rituale selbst haben meist Symbolgehalt, geben Bedeutung, strukturieren und stabilisieren ein Individuum oder eine Gemeinschaft. In der Psychologie meint man mit Ritual eine erlernte Verhaltensweise, die immer wieder auf die gleiche Weise durchgeführt wird. Beispiel: Gottesdienste sind mit (religiösen) Ritualen stark durchsetzt.

2.6 Religion als Wettbewerbsvorteil

Wenn man Biologen fragt, warum sich bestimmte körperliche Merkmale oder Verhaltensweisen bei Tieren über Generationen herausgebildet und vererbt haben, dann ist eine einfache Antwort: weil sie nützen oder zumindest nicht schaden. Es gilt der sogenannte biologische Imperativ der da lautet: Ein Individuum will möglichst lange leben und seine Gene in die nächste Generation weitergeben. Wenn man einmal annimmt, dass auch Religionen einem Evolutionsprozess unterworfen sind, einem kulturellen Evolutionsprozess, dann muss Religion und Religiosität ebenfalls nützen oder zumindest nicht schaden. Und tatsächlich hat man festgestellt, dass religiöse Menschen in der Regel gesünder sind, länger leben, weniger Probleme mit Drogen haben und mit dem Leben generell zufriedener sind. Zudem stabilisieren gemeinsame Überzeugen und gemeinsam praktizierte Rituale eine Gesellschaft nach innen und lassen sie geschlossener gegen äußere Feinde auftreten. Damit erhöht sich der sogenannte „Reproduktionserfolg", also die Anzahl Nachkommen dieser Gesellschaft im Vergleich zu konkurrierenden Gesellschaften.

Der US-amerikanische Evolutionsbiologe und Begründer des Soziobiologie *Eduard O. Wilson* (*1929) meint jedoch etwas kritisch: *„Die Macht der organisierten Religionen beruht darauf, dass sie soziale Ordnung und persönliche Sicherheit zu festigen helfen, nicht aber auf ihrem Beitrag zur Wahrheitssuche. Ziel* *der Religionen ist die Unterwerfung unter den Willen des Stammes."*[19] Sehr provokativ merkt *Wilson* dann noch an, dass religiöser Glaube eine unsichtbare Falle sei, die in der biologischen Geschichte der Menschheit unvermeidlich gewesen wäre. Die Menschheit habe etwas Besseres verdient.[20] Religionen würden verdummen, entzweien, zur Ignoranz führen und davon abhalten, die Probleme der realen Welt zu erkennen.[21]

Religion kann aber auch einen konkreten ökonomischen Vorteil haben. Der Geschäftsverkehr mit Gleichgläubigen senkt die sogenannten ökonomischen Transaktionskosten. Darunter versteht man den Aufwand, den ein Geschäftspartner betreiben muss, um beispielsweise Kauf oder Verkauf durchzuführen. Die Gefahr besteht ja, dass man als Verkäufer seine Leistung erbracht hat, der Käufer aber nicht daran denkt, auch seine Gegenleistung zu erbringen, in der Regel die Zahlung des Kaufpreises. Umgekehrt kann es sein, dass der Verkäufer seine Leistung nicht erbringt aber das Geld für die Ware als Vorauszahlung schon erhalten hat. Beide versuchen dieses Risiko zu minimieren, indem sie Informationen über den anderen Partner einholen. Das kostet Zeit und Geld. Weiß man nun, das der Partner überzeugter Anhänger einer bestimmten Religion ist, die für das Verhalten gegenüber anderen

---

[19] Wilson, E. O. (2013): Die soziale Eroberung der Erde, S. 310
[20] Wilson, E. O. (2013): Die soziale Eroberung der Erde, S. 311
[21] Wilson, E. O. (2013): Die soziale Eroberung der Erde, S. 350

auf die Einhaltung bestimmter Regeln besteht, dann ist der Partner berechenbarer. Man kann sich unter Umständen aufwändige Recherchen sparen. Und eben dadurch werden die Transaktionskosten gesenkt.

2.7 Meme - Parasiten im Gehirn

Gene sind die Träger der biologischen Erbinformationen. Aus Sicht des Evolutionsbiologen und bekennenden Atheisten *Richard Dawkins* (*1941) sind Lebewesen so etwas wie Container für diese Gene, Behälter für eine gewisse Zeit mit der Aufgabe, eben diese Gene an die nächste Generation weiterzugeben. *Dawkins* folgert daher: *„Wir* [Menschen] *sind Überlebensmaschinen – Roboter, blind programmiert zur Erhaltung der selbstsüchtigen Moleküle, die Gene genannt werden."*[22] Mechanismen dabei sind Mutation (also zufällige Veränderungen) Selektion (also Auswahl lebensfähiger Nachkommen) und Reproduktion (also die Produktion von Nachkommen). Gene sind damit sogenannte „Replikatoren", Einheiten, die Kopien ihrer selbst herstellen können.

Während Gene die biologischen Erbinformationen enthalten, kann man analog auch Elemente feststellen für den Transport der Kultur. Kultur wäre hier alles, was nicht durch Vererbung auf die nächste Generation weitergeben wird, beispielsweise durch Traditionen. *Dawkins* hat für die kulturellen Erbin-

---

[22] Dawkins, R. (1978): Das egoistische Gen, S. VIII

formationen den Begriff Mem eingeführt. Meme unterliegen ähnlichen Mechanismen wie die Gene. Meme sind beispielsweise Begriffe, Sätze, Ideen. Die müssen nicht im objektiven Sinne wahr sein. Denn: *„So wie Gene sich im Genpool vermehren, indem sie sich mit Hilfe von Spermien oder Eiern von Körper zu Körper fortbewegen, so bereiten sich Meme im Mempool aus, indem sie von Gehirn zu Gehirn überspringen mit Hilfe eines Prozesses, den man in einem allgemeinen Sinn Imitation bezeichnen kann. (...) Wenn jemand ein fruchtbares Mem in meinem Geist einpflanzt, so setzt es mir im wahrsten Sinne des Wortes einen Parasiten ins Gehirn und macht es auf die gleiche Weise zu einem Vehikel für die Verbreitung des Mems, wie ein Virus dies mit dem genetischen Mechanismus einer Wirtszelle tut."*[23]

Während Gene sich in der Geschlechterfolge nur vertikal ausbreiten können, also von Eltern zu Kindern zu Enkeln, können sich Meme auch horizontal verbreiten, zu Gleichaltrigen, die nicht miteinander verwandt sein müssen. Die Verbreitung geschieht dadurch wesentlich schneller, als auf dem Weg der biologischen Fortpflanzung. Damit wäre auch zu erklären, weshalb die kulturelle Entwicklung viel rascher voranschreitet als die genetische. Wir haben zwar heute die Atombombe und das Internet, aber genetisch sind wir immer noch zu 98,4 Prozent mit

---

[23] Dawkins, R. (1978): Das egoistische Gen, S. 227

den Schimpansen verwandt, wie Genetiker herausgefunden haben. Und Anthropologen meinen, dass auch viele unserer Verhaltensweisen sich nicht sehr von denen unserer weit zurückliegenden Vorfahren unterscheiden würden.

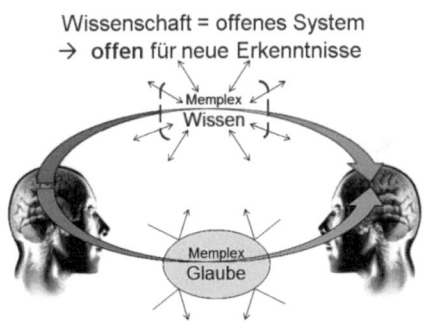

Abb. 8: Meme sind die kulturellen Gene
Meme, eine Wortschöpfung von Richard Dawkins, sind die kulturellen Gene. Sie werden durch Imitation von Gehirn zu Gehirn weitergeben. Analog den Genen findet auch hier ein Selektionsprozess statt.

Meme im Umfeld christlicher Religionen wären beispielsweise Begriffe wie: Gott, Jenseits, Sünde, Vergebung, Gebot, Sühne, Schuld. Ebenso wie es auf biologischer Ebene Zellenverbände gibt bis hin zu Lebewesen, können mehrerer Meme zu sogenannten Memplexen sich zusammenfinden, ein umfangreiches Gebilde von einzelnen Memen. Die sind miteinander

47

verkoppelt, stützen und ergänzen sich gegenseitig. Analog der biologischen Evolution breiten sich nach der Memtheorie diejenigen Meme am ehesten aus, überleben und vermehren sich, wenn sie dem Träger einen Wettbewerbsvorteil verschaffen. Religionen, also besonders umfangreiche Memplexe, wären demnach Vehikel, mit dem der erwähnte biologische Imperativ besser durchgesetzt werden kann: selbst überleben und in den Nachkommen weiterleben. Es kommt dabei nicht darauf, ob die Inhalte im objektiven Sinne „wahr" sind, sondern nur darauf, dass sie erfolgreich wirken.

Die Psychologin *Susan Blackmore (*1951)* kommt in Ihrem Buch *Die Macht der Meme* zu folgenden Schluss: *„Wenn wir Religionen aus dem Blickwinkel der Meme ansehen, können wir verstehen, warum sie so erfolgreich sind. (...) Sie waren nichts anderes als Verhaltensweisen, Vorstellungen und Mythen, die in der langen Geschichte der menschlichen Versuche, die Welt zu verstehen, kopiert und von einer Person zur anderen weitergegeben wurden. Sie waren erfolgreich, weil sie sich per Zufall zu sich gegenseitig unterstützenden Gruppen zusammenfanden, die all die richtigen Tricks kannten, um dafür zu sorgen, dass sie in Millionen Gehirnen, Büchern und Bauwerken sicher gespeichert und ständig an noch mehr Gehirne und so weiter weitergegeben wurden."*[24]

---

[24] Blackmore, S. (2000): Die Macht der Meme, S. 307

Beides, Glaube und Wissenschaft sind Memplexe. Unabhängig von den Inhalten besteht zwischen beiden jedoch ein bedeutsamer Unterschied: Glaube ist geschlossen, also nicht offen für Erkenntnisse, die den Glauben erschüttern könnten; Wissenschaft ist offen; auch eine verworfene Hypothese führt letztlich zu neuen Erkenntnissen.

3 Was ist Kapitalismus?

3.1 Kapitalismus ist Scheiße

Wir haben für unsere Zwecke bedeutsamen Kriterien von Religion(en) herausgearbeitet. Wenden wir uns nun dem Kapitalismus zu. Wie bei der Religionskritik dringt auch bei der aggressiven pauschalen Kritik am Kapitalismus die Fäkaliensprache durch. *„Das System [= der Kapitalismus] ist große Scheiße, mangels Alternative aber unumgänglich und notwendig"* [25], lautet die Folgerung in einem Audio-Beitrag im Internet.

Etwas moderater, aber doch polemisch klingt der erste Satz im Vorwort eines bisher nicht veröffentlichten Buchmanuskriptes des Autors *Achim L. Brandt* mit dem Titel *Marktwirtschaft statt Kapitalismus*. Es lautet: *„Ein Moloch geht um die Welt – der Moloch des Kapitalismus. Er hat sich nun tatsächlich über die ganze Erde ausgebreitet und zwingt die Menschen, anstatt ihren eigenen Bedürfnissen denen des Molochs zu dienen: Wachstum von Kapital und Bruttosozialprodukt auf Teufel komm raus ...; Ausbeutung von Mensch und Natur in allen Erdteilen ..., andauernde Volldampf-Arbeit der dem Moloch dienlichen Menschen ..., Arbeitslosigkeit oder Hungerlöhne für diejenigen, die den Ansprüchen des Molochs ... nicht genügen, ... Gewalt bin hin zum Krieg zur Durchsetzung und*

---

[25] http://www.youtube.com/watch?v=YZhLK1xULNM, Zugriff 21.9.2013

Zementierung der dem Moloch genehmen globalen Machtverhältnisse." [26]

Abb. 9: Zerrbild des Kapitalisten
Kapitalisten werden als feiste Ausbeuter angesehen, die auf dem Rücken des kleinen Mannes ihr Vermögen mehren. Kapitalismuskritik schreckt auch nicht vor Fäkaliensprache zurück wie „Kapitalismus ist Scheiße".

Und der Autor und Cartoonist *Wolfgang Hippmann* schreibt in seinem reich bebilderten und nur 52 Seiten umfassenden Büchlein mit dem Titel *Kapitalismus als Religionsersatz: „Eine rein kapitalistische Gesellschaft basiert auf Menschen, die Traditionen, Moral und Gerechtigkeit über Bord werfen, wenn sie dem eigenen Gewinnstreben hinderlich sind. Dafür*

---

[26] Brand, A. L. (1999): Marktwirtschaft statt Kapitalismus: Reichtum für alle!, unveröffentlichtes Manuskript, Ausgabe 1.0, S. 3

nehmen sie auch Zusammenbrüche und Konkurse anderer Geschäfte billigend in Kauf."[27]

In einem weiteren Buch mit dem einfachen Titel *Kapitalismus* beschreibt der Autor *Hannes Leidinger* das Klischeebild des Kapitalisten wie folgt: *„Hämisch grinsend, Zigarre rauchend, reibt sich der feiste ´Geldsack´ die Hände. Auf dem Rücken der Ausgebeuteten häuft er seinen Reichtum an. Diese ´Mischung aus Blutsauger und Sklavenhalter´ empörte Karl Marx, als er sich gegen die Unbarmherzigkeit und Unmenschlichkeit des herrschenden Systems wandte."* [28]

Man könnte die polemisch aggressive Kritik am Kapitalismus – oder was die jeweiligen Kritiker eben darunter verstehen – noch lange fortsetzen. Ein Blick in Tagespresse, Fernsehdiskussionen oder auch Internet-Veröffentlichen würde genügend Material liefern. Doch schon mit diesen wenigen Zitaten wären wohl treffend die häufigsten Vorurteile über den Kapitalismus bedient. Kapitalismus g l e i c h Ausbeutung g l e i c h moderne Sklaverei g l e i c h Reichtum für wenige g l e i c h Armut für viele, dies scheinen die „Gleichungen" zu sein, nach denen die polemischen Kritiker des Kapitalismus arbeiten.

---

[27] Hippmann, W. (2008): Kapitalismus als Religionsersatz – eine kritische Gesellschaftsanalyse, in: Wort und Bild, S. 3
[28] Leidinger, H. (2008): Kapitalismus, S. 9

3.2 Seriösere Definitionen von Kapitalismus

Gehen wir etwas emotionsfreier an das Thema Kapitalismus heran. Wenn man der einschlägigen Literatur glauben darf, dann wurde der Begriff „Kapitalismus" um 1850 von dem französischen Sozialisten und Begründer der Sozialdemokratie *Louis Blanc (1911 – 1882)* erstmals eingeführt.

Fragen wir jedoch zuerst einmal nach der Definition oder besser: den Definitionen. Und schon stehen wir vor dem gleichen Problem wie bei der Suche nach einer verbindlichen Definition von Religion. Das fängt an bei den verschiedenen Kapitalismusbezeichnungen wie: Rheinischer Kapitalismus, Staatskapitalismus, Finanzkapitalismus, marktbasierter Kapitalismus, kontinentaleuropäischer Kapitalismus, sozialdemokratischer Kapitalismus, mediterraner Kapitalismus, Raubtierkapitalismus, Kasinokapitalismus, Heuschreckenkapitalismus und viele andere mehr. Manche Definitionen sind sehr eng gefasst, andere zu weit. Wenn man beispielsweise den Begriff Kapitalismus „googelt", erhält man etwas über drei Millionen Treffer[29] (bei „Religion" sind es 479 Millionen!). Kein Mensch wird all diese Dokumente lesen wollen.

Werfen wir auch hier zur ersten Orientierung einen Blick in das Internet-Volkslexikon WIKIPEDIA. Dort steht: *„Allgemein begreift man unter Kapitalismus eine Wirtschafts- und Gesellschaftsordnung, die auf*

---

[29] www.google.de, Zugriff 27.6.2013

Privateigentum an den Produktionsmitteln und einer Steuerung von Produktion und Konsum über den Markt beruht. Als weitere Merkmale werden genannt: die Akkumulation [gemeint ist die Ansammlung von Kapital] *und das Streben nach Gewinn ... Einige Autoren befürworten anstelle des als wertend verstandenen Begriffs Kapitalismus die neutralere Bezeichnung Marktwirtschaft.*"[30]

Kurz gefasst könnte man also für unsere Zwecke formulieren: Kapitalismus ist Marktwirtschaft mit Privateigentum an Produktionsmitteln und dem Ziel, für den Eigentümer der Produktionsmittel Gewinne zu erwirtschaften.

3.3 Elemente des Kapitalismus

Wir könnten nun uns weiter in Definitionen vertiefen und fragen, was den Markt ist, was Eigentum bedeutet und was Produktionsmittel sind oder welche weiteren Varianten des Kapitalismus es noch gibt. Es wäre ebenfalls möglich, die geschichtliche Entwicklung des Kapitalismus zu betrachten und mit vorher herrschenden Wirtschaftssystemen zu vergleichen. Die Fachliteratur darüber füllt Bibliotheken. Wer Volks-, Betriebs- oder Finanzwirtschaft studiert, muss sich viele Semester lang mit diesen Begriffen herumschlagen. Wir beschränken uns auf wenige Themen, die in

---

[30] www.wikipedia.de: Kapital, Zugriff 27.9.2013

jedem Buch über Kapitalismus vorkommen: Markt, Kapital, Geld, Zins und Spekulation.

3.3.1 Geheime Marktkräfte

Da wäre zunächst einmal der Markt. Das ist einmal ein realer Ort, wie der Wochenmarkt, der Weihnachtsmarkt, die Geschäfte in den Einkaufzentren, auf dem Händler ihre Waren anbieten und Kunden diese Waren besichtigen, anfassen und kaufen können. Markt kann aber auch ein virtueller, ein gedachter Ort sein. Das weltweit bekannte Internet-Portal EBAY wäre solche ein virtueller Ort. Dort zeigen und beschreiben hunderttausende Anbieter, Privatleute und Händler, ihre Ware. Und Millionen von potentiellen Kunden können sie als Bild betrachten und die Beschreibungen lesen. Sie können die Ware ersteigern oder auch zu einem festen Preis im Sofortkauf erwerben und anschließend den Käufer oder Verkäufer bewerten.

Auf dem idealtypischen Markt bildet sich nach der Theorie der Preis aus dem Spiel von Angebot und Nachfrage. Er bildet sich automatisch ohne Eingriffe von außen. Das Marktgeschehen sorgt – jedenfalls nach der Theorie – dafür, dass von den Anbietern in genügender Menge das hergestellt und angeboten wird, was die Abnehmer verlangen. Denn steigt die Nachfrage, können höhere Preise verlangt werden, die dazu animieren, dass weitere Anbieter auftreten. Dadurch wird das Angebot erhöht, bis es höher geworden ist als die Nachfrage und die Preise dann wieder sinken. So pendelt sich – nach der Theorie – der Marktpreis um einen Preispunkt ein, den Gleichgewichtspreis. Durch den Wettbewerb zwischen den Anbietern wird zudem dafür gesorgt, dass die Ressourcen für die Herstellung der Produkte, ob Material, Arbeitszeit oder Wissen, optimal genutzt werden. Denn die Kosten der Produkte sollen so niedrig wie möglich gehalten werden, um möglichst hohe Gewinnchancen zu haben.

Alle Anbieter verfolgen ihren Vorteil, möchten ihren Nutzen maximieren: Sie möchten ihre Waren äußerst gewinnbringend verkaufen. Auch alle Kunden verfolgen ebenfalls ihren Vorteil: Sie möchten die Produkte möglichst preisgünstig erwerben. Jeder verfolgt seinen Vorteil aber dennoch entstehen – nach der Theorie – aus diesem Kräftespiel wirtschaftlicher Egoismen automatisch und ungewollt Vorteile für die Gesellschaft. Der Moralphilosoph und Begründer der Nationalökonomie *Adam Smith (1723 – 1790)* prägte für diesen Mechanismus, also die Steuerung der persönlichen wirtschaftlichen Egoismen hin zum gemeinschaftlichen Vorteil, den Begriff der „unsichtbaren Hand". *Smith* beschreibt das in seinem Buch *Wohlstand der Nationen* so[31]: *„Er* [gemeint ist der Marktteilnehmer] *wird in diesem wie auch in vielen anderen*

---

[31] Smith, A. (1776): Über den Wohlstand der Nationen: Eine Untersuchung über seine Natur und seine Ursachen, (Reprint: Beck Verlag, München 1974, S. 371).

Fällen von einer unsichtbaren Hand geleitet, um einen Zweck zu fördern, den zu erfüllen er in keiner Weise beabsichtigt hat.“

Dieser Zweck, von dem *Smith* schreibt, ist das Gemeinwohl. Obwohl die „unsichtbare Hand" nur insgesamt dreimal in den Werken von *Smith* vorkommen soll, ist sie zum Symbol für die Selbstregulierungskräfte des unbeeinflussten Marktgeschehens geworden.

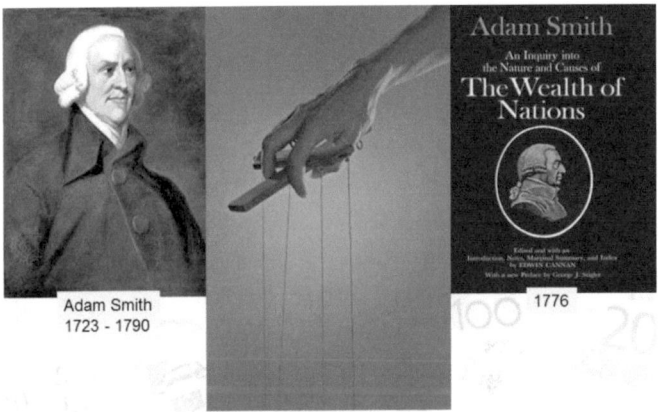

Abb. 10: Die unsichtbare Hand des Adam Smith
Der Moralphilosoph und Nationalökonom Smith prägte den Begriff der unsichtbaren Hand. Sie ist zum Symbol für die Selbstregulation des freien Marktes geworden.

Doch wie so viele idealisierte Modelle funktioniert auch das Modell des idealen Marktes nicht ganz so, wie man sich das vorstellt. Es gibt Handelsbeschränkungen, Monopole, Manipulationen, künstlich erzeugten Mangel, Trickserei bis hin zum Betrug und einiges mehr. Sie behindern oder verhindern in der Realität das freie Spiel der Marktkräfte. Und auch die Marktteilnehmer sind nicht reine Maximierer ihres persönlichen Nutzens, wenn man unter Nutzen nur den materiellen Vorteil versteht. Dennoch ist die Marktwirtschaft das Prinzip, das zum – ebenfalls idealtypischen – Modell des freien unabhängig handelnden Individuums am ehesten zu passen scheint.

Die Rahmenbedingungen für die Teilnehmer des Marktes legt der Staat durch Gesetzt fest. Jeder wird aufgefordert, sich an diese Regeln halten. Tut er das nicht, sind Sanktionen des Staates zu erwarten: Geld- oder sogar Freiheitsstrafen.

3.3.2 Schillerndes Kapital

Kommen wir zum Kapital. Die meisten Menschen, zumindest in den Industriestaaten, haben ein einfaches intuitives Verständnis von dem, was man im privaten Bereich Kapital nennt. Wenig Widerspruch würde wahrscheinlich folgende Beschreibung hervorrufen: Kapital ist Geld oder das in Geld bewertete Eigentum an Gütern, die von einer Person nicht unmittelbar für den aktuellen Lebensunterhalt benötigt werden. Wobei in der heutigen Gesellschaft als Gut auch der Kontoauszug eines Guthabens bei der Bank angesehen wird.

Kapital in diesem Sinne wäre also etwas, was eine Person augenblicklich nicht wirklich benötigt beispielsweise für Lebensmittel, Kleidung, Wohnung und deshalb hortet.

Der Volkswirtschaftler, der die Gesamtwirtschaft eines Staates betrachtet, versteht aber etwas anderes darunter. Für ihn ist Kapital all das, was man für die Herstellung von Gütern und Dienstleistungen benötigt: Maschinen, Werkzeuge, Anlagen, Gebäude, Arbeit, Immobilien, Grund und Boden etc. Der Betriebswirtschaftler wiederum, der auf die Bilanz eines Unternehmens schaut, unterscheidet Kapital danach, ob es dem Eigentümer gehört oder ob er es nur geliehen hat, ob es also Eigenkapital oder Fremdkapital ist. Und für den Soziologen ist Kapital sehr umfassend all das, was Menschen benötigen, um ihre persönlichen Ziele oder Gruppenziele durchzusetzen.

Man kann also mindestens diese drei Kapitalkategorien unterscheiden: Erstens ökonomisches Kapital, z.B. Geld, konkrete Güter, zweitens kulturelles Kapital, z.B. Schulbildung, Kunst, Architektur und drittens soziales Kapital, z.B. Beziehungen, Gesellschaft, Moral, Rechtssystem. Nicht immer wird auseinander gehalten, von welcher Art des Kapitals man spricht, wenn man Kapitalismuskritik übt. Daher auch sicherlich die vielen verwirrenden Argumente für oder gegen den Kapitalismus.

3.3.3 Macht des Geldes

Nun zum Geld, zum Geld des Ökonomen. Cash, Kies, Moneten, Zaster, Knete, Kohle, Pulver, Bims, Eier,

Mäuse, Kröten, Schotter, Lappen, Blüten, Moos – all das sind nur einige umgangssprachliche Bezeichnungen für Geld. Das Sprichwort: „Geld regiert die Welt" beschreibt zumindest, dass man sich das heutige Wirtschaften ohne Geld nicht mehr vorstellen kann.

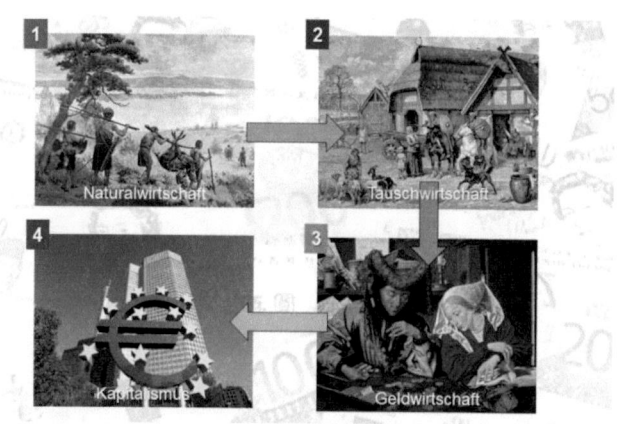

Abb. 11: Schöpfungsmythos des Geldes
Der Weg zum heutigen Geld beginnt bei der Naturalwirtschaft, bei der alles allen gehört. Es folgt die Tauschwirtschaft als direkter Gütertausch. Dann kommt die Geldwirtschaft, bei der eine Währung dazwischen geschoben ist und hat heute den Kapitalismus erreicht. So jedenfalls steht es oft in einführenden Büchern über die Entstehung des Geldes.

Der Mythos, wie das Geld in die Welt kam, beginnt wie ein Märchen mit: „Es war einmal ....". Werfen wir daher einen kurzen Blick in dieses Märchen von der Entstehung des Geldes, also dessen „Schöpfungsmythos":

Es war einmal eine Jäger- und Sammlergemeinschaft. Was deren Mitglieder auf der Jagd erlegten oder was sie an Essbarem sammelten, gehörte allen. Sie teilten es entsprechend ihren Bedürfnissen. Tausch war unbekannt, weil alles allen gehörte und die Gemeinschaft alles Lebensnotwendige selbst jagen, sammeln oder herstellen konnte. Dann wurden einige Gemeinschaften sesshaft. Sie kultivierten und bewirtschaften Land und züchteten Tiere. Dies nahm so viele Zeit in Anspruch, dass sie nicht mehr alles selbst herstellen konnten. Sie tauschten die Früchte ihrer Bewirtschaftung gegen Dinge, die andere Gemeinschaften herstellten. Der Wert der verschiedenen Tauschobjekte bestimmte sich entsprechend den aktuellen Bedürfnissen der Tauschpartner.

Nicht immer fand man einen geeigneten Tauschpartner, der jetzt genau das brauchte, was man selbst zum Tausch anbieten konnte. Man erfand daher das Geld in seiner einfachen Form. Es waren seltene Steine, Metalle, Muscheln oder andere haltbare Objekte. Wenn jemand (der Käufer) von jemandem (dem Verkäufer) etwas haben wollte, bot er ihm dieses Naturalgeld als Gegenleistung. So konnte jemand sehr viele Dinge gegen Geld jetzt weggeben, das Geld aufheben und es erst später gegen Dinge tauschen, die er dann brauchte.

Zum ersten Mal war es möglich, Werte in Form von Geld zu horten, Geldkapital zu bilden. Das Naturalgeld wurde mit der Zeit immer mehr vereinheitlicht. Einmal, indem man gleiche Gewichte für die Metallstücke vorsah, dann, indem man auf die Metallstücke Symbole oder Zahlen einpresste, die den Tauschwert des Metallstücks repräsentierten. Später verließ man sich alleine auf die Symbole, ohne den Wert des Metallstücks zu beachten. Noch später war es nur noch Papier, auf das man den repräsentierten Wert aufdruckte.

Es war nun auch nicht mehr erforderlich, in Tempeln den Göttern echte Früchte oder lebendige Tiere zu opfern. Der Gläubige konnte diese Opfer symbolisch darbringen in Form von Geld. Doch überschüssiges Geld konnte gestohlen werden. Relativ sicherere Orte waren Tempel oder Gotteshäuser. Die waren auch Handelsplatz für Waren, also Märkte. Die Priester verliehen das Opfergeld, das sie nicht aktuell benötigten und verlangten eine Vergütung für diese Dienstleistung, den Zins. Später verliehen sie auch das Geld, das die für andere Personen aufbewahrten. Man könnte also sagen: Tempel waren die Vorgänger der Banken, Priester die Vorläufer der Bankmanager.

Wir könnten nun diese Geschichte noch einige Zeit weiter spinnen, vom standardisierten Münzgeld über das Papiergeld hin zum Geld, das man gar nicht mehr sieht, dem Buchgeld als Kontoauszug der Bank. Wir könnten von Geldwechslern reden und uns über die vielen Geldentwertung aufregen, die sich in der langen Geschichte des Geldes ereignet haben und auch künftig geschehen werden. Wir könnten darüber sinnieren, ob der Kapitalismus auch entstanden wäre, wenn nicht die doppelte Buchführung die Rechenbasis für den heutigen Kapitalismus gelegt hätte, ohne die er gar nicht denkbar ist.

Abb. 12: Geld ist kompensatorische Macht
Der Ökonom J. K. Galbraith unterscheidet drei Arten von Macht: repressive, kompensatorische und konditionierte. Geld ist kompensatorische Macht. Es wird gegeben als Kompensation für eine Gegenleistung wie Arbeit, Ware etc.

Aber egal, ob Münzen, Scheine, Bankguthaben oder Forderungen: alle Geldvarianten können und müssen ökonomisch betrachtet drei Funktionen erfüllen: Erstens Zahlungsmittel. Geld vereinfacht den Tausch von Gütern als universelles Zwischenmedium. Zweitens Wertaufbewahrung. Geld vermodert und verrottet nicht. Es kann über lange Zeit aufgehoben werden. Und drittens Wertmesser. Sehr verschiedene Güter können durch einen einheitlichen Wertmaßstab miteinander verglichen werden.

Soziologen und Psychologen sehen im Geld mehr als seine rein ökonomischen Funktionen. Geld ist Vermögen im eigentlichen Sinne des Wortes. Denn mit Geld vermag man vieles. Es ist Verfügungspotential über Zeit und Raum. Indem man andere Personen gegen Geld für sich arbeiten lässt, kauft man ein Teil von deren Lebenszeit. Indem man Geld ausgibt, um sich rasch von einem Ort an einen anderen transportieren zu lassen, verfüge man über Raum und Zeit.

Geld ist letztlich auch ein bedeutendes Machtinstrument. In seinem Buch *Anatomie der Macht* unterscheidet der US-Amerikanische Ökonom, Sozialkritiker und Präsidentenberater *John Kenneth Galbraith (1908 – 2006)* drei Arten der Macht: repressive Macht (also Macht durch Bestrafung), kompensatorische Macht (also Macht durch Belohnung) und konditionierte Macht (also Macht durch Manipulation). Geld ist ein Werkzeug, um kompensatorische Macht auszuüben. *Galbraith* beschreibt sie so: „*Kompensatorische Macht erzielt Unterwerfung durch das Angebot, Wohlverhalten zu belohnen - das sich unterordnende Individuum bekommt also irgendetwas von Wert zum Ausgleich für die Unterordnung.*"[32]

---

[32] Galbraith, J. K. (1989): Anatomie der Macht, S. 14

Ein Unternehmer beispielsweise bezahlt seine Arbeiter und Angestellten für ihre Arbeit im Unternehmen. Er fordert dafür, dass sie die aufgetragenen Arbeiten für ihn erledigen. Damit übt er kompensatorische Macht aus. Und wenn wir ein Taxi bestellen, um uns an einen anderen Ort fahren zu lassen, üben wir ebenfalls kompensatorische Macht aus.

Weil nun Geld auch Macht bedeutet, birgt Geldbesitz zumindest das Potential, unbegrenzt Macht anzusammeln und auszuüben. Denn das Streben nach immer mehr Geld und damit potentieller Macht kennt keine natürlichen Grenzen. Genau das mag auch einer der wichtigen Gründe sein für das Streben nach immer mehr Geld, bis hin zur Gier. Nach vier Schnitzeln ist man vielleicht satt, nach vier Millionen Euro auf dem Konto könnten immer noch ein paar mehr hinzukommen.

Dem heutigen Geld, ob Euro, Dollar, Pfund, entsprechen keine konkreten Güter mehr – wenn das überhaupt jemals wirklich der Fall gewesen sein sollte. Es besteht auch keine Verpflichtung beispielsweise der Europäischen Zentralbank (EZB), den Nominalwert des Geldes in Gold umzutauschen. Geldwert ist ausschließlich Vertrauenssache, er ist schon lange zu einer stillschweigenden Übereinkunft geworden. Man vertraut darauf, dass der Geschäftspartner das Geld akzeptiert und man im Bedarfsfall mit Geld konkrete Güter oder Dienstleistungen erwerben kann. Damit hat sich Geld losgelöst von der reinen Güterwirtschaft. Es ist zu einem Wert an sich geworden, wertvoll nur dadurch, dass alle an den Wert, an seine Umtauschfähigkeit in Güter, seine Güterkompatibilität glauben. Wenn dieses Vertrauen schwindet, schwindet der Geldwert.

Die Geldwirtschaft hat heute auch Bereiche vereinnahmt, die man nicht unbedingt mit Geld in Verbindung bringen möchte: die romantische Liebe. Die Soziologin *Eva Illouz* beschreibt in ihrem Buch *Der Konsum der Romantik,* wie auch die Liebeswerbung vom Konsum und damit Geld durchdrungen ist. Liebeswerbung würde heute überwiegend in den kulturellen Bereichen Unterhaltung und Freizeit stattfinden. Und daran könne man nur teilnehmen, wenn man über Geld verfügt. Außerdem würden erhebliche Beträge ausgegeben werden, um sein äußeres Erscheinungsbild aufzubessern. Es ist weltweit ein Milliarden-Dollar/Euro-Geschäft.

„Allein schon ihrem Wesen nach implizieren diese beiden Objekte des Konsums, nämlich Schönheitsprodukte und Freizeit, dass das Geld einen zentralen Bestandteil des romantischen Treffens bildet, sowohl vor dem als auch während des Rendezvous.“[33] Dass auch die Ehe ein Geldgeschäft sein kann, merken manche Paare spätestens dann, wenn sie geschieden werden. Es geht dann darum, wer was und wieviel aus der gemeinsamen Ehe für sich mitnehmen darf.

---

[33] Illouz, E. (2007): Der Konsum der Romantik, S. 89

3.3.4 Janusköpfiger Zins

Zwei kritische Themen des Kapitalismus sind Schulden und Zins. Niemand hat gerne Schulden und niemand zahlt gerne Zinsen. Doch wer Geld verleiht, erwartet, dass er es nach einem festgelegten Zeitraum wieder zurückbekommt. Zum einen riskiert er, dass der Schuldner zahlungsunfähig wird. Zum anderen verzichtet ja der Darlehensgeber auf sofortigen Konsum. Und zum dritten kann er sich wahrscheinlich weniger für das zurückgezahlte Geld kaufen, als vorher. Die Geldentwertung, die Inflation hat zugeschlagen. Und die ist keine Erscheinung der Neuzeit. Als Ausgleich für diese Umstände wird der Zins gezahlt – so jedenfalls einige grundsätzliche Aussagen darüber, warum Zinsen verlangt werden und berechtigt sind.

Wer ein ordentliches (Geld-)Kapital als Basis hat, könnte allein über Zinseinnahmen oder sonstige Kapitalerträge wie Dividenden seinen Lebensunterhalt bestreiten. Eigene produktive Arbeit müsste er nicht mehr erbringen, Arbeit also, durch die Güter oder Dienstleistungen geschaffen werden. Und durch die Zinsen auf die Zinsen, also den Zinseszins, vermehrt sich das nicht verbrauchte Geldkapital automatisch. Allein dadurch können Reiche immer reicher werden, während die wenig Begüterten lebenslang arbeiten müssen. Wenn aber alle nur noch von den Kapitalerträgen lebten, und nicht mehr arbeiteten, wäre der Kapitalismus mit seiner Marktwirtschaft am Ende. Das System hätte sich selbst vernichtet. Ein paar

Malocher muss es also immer geben. Es sei denn, Science-Fiction-Vorstellungen werden wahr, Roboter erledigten die Arbeit und auf einfache Spracheingabe würden Automaten jedes Lebens- oder Genussmittel herstellen, das wir möchten. Doch dieses Schlaraffenland bleibt wohl Utopie.

Zins ist keine neuzeitliche Erscheinung des Kapitalismus. Sowohl im Alten als auch in Neuen Testament der Bibel gibt es mehrere Stellen darüber. Eine lautet (5. Mose 23, 20): *„Du sollt von deinem Bruder nicht Zinsen nehmen, weder für Geld noch für Speise noch für alles, wofür man Zinsen nehmen kann."* Das wäre ein Argument für ein Zinsverbot. Allerdings folgt im nächsten Satz gleich die Ausnahme (5. Mose 23, 21): *„Von dem Ausländer darfst du Zinsen nehmen ..."*

Zins konnte man also nicht nur auf Geld, sondern auch auf Waren erheben, was hier als Speise angedeutet ist. Jedoch wird man in Gleichnissen der Bibel auch bestraft, weil man das Geld nicht mindestens um die Zinsen vermehrt hat. In einem Gleichnis (Matthäus 25, 14-30) heißt es in dem Urteil über den Knecht, der das anvertraute Silber seines Herren aus Angst vor Dieben nur vergraben und nicht aktiv vermehrt hat: *„Denn Du hättest mein Geld zu den Wechslern* [heute würde man sagen: auf die Bank] *bringen sollen, und wenn ich gekommen wäre, hätte ich das Meine wiederbekommen mit Zinsen."* Das gleiche Gleichnis endet im Lukas-Evangelium mit einen Satz, der wie für heutige Kapitalismuskritiker geschrieben sein könnte (Lukas 19, 26): *Ich sage euch aber: Wer da hat, dem wird gegeben werden; von dem aber, der nicht hat, wird auch das genommen werden, was er hat.*" Der Zins ist also schon in der Bibel eine zwiespältige Angelegenheit.

3.3.5 Verdammte Spekulanten

Dann gibt es noch die Spekulationen. Neben den Kapitalisten sind die Spekulanten die heutigen Buhmänner für all das, was im kapitalistisch marktwirtschaftlichen System schief gelaufen ist und noch schief läuft. Spekulanten sind für viele Menschen ökonomische Teufel in Menschengestalt. Sie werden beschimpft als Heuschrecken, Haie, Hyänen, Schlangen, Mistkäfer oder elendes Gewürm. Sie würden sich verhalten wie Spieler, die sich gegenseitig eine entsicherte Handgranate zuwerfen, in der Hoffnung, dass die nicht gerade dann explodiert, wenn sie sie selbst in den Händen halten.

Doch was ist nun Spekulation, was machen Spekulanten? Einer der es wissen muss, ist *Alexander Dibelius,* Deutschlandmanager der US-amerikanischen Investmentbank *Goldman Sachs.* Er äußerst sich wie folgt: *„Wenn man die negative Konnotation* [= Bedeutung] *des Wortes mal für eine Sekunde außer Acht lässt, dann ist Spekulation nichts anderes als der Ausdruck einer Meinung über die Zukunft."* [34]

---

[34] Welt am Sonntag, 11.9.2011, S. 34

Der Spekulant bildet also für sich eine Meinung, eine Theorie über die künftige Entwicklung beispielsweise einer Währung, einer Sojaernte, eines Aktienkurses. Er wählt aus den verschiedenen Szenarien dasjenige aus, welches er am wahrscheinlichsten hält. Dementsprechend trifft er dann seine Entscheidungen: Kaufen oder Verkaufen, Optionen auf steigende oder fallende Kurse, Wetten auf Nahrungsmittelknappheit oder –überschuss.

Doch wir alle machen uns bewusst oder unbewusst solche Vorstellungen von künftigen Entwicklungen und richten unsere Handlungen danach aus. In diesem Sinne sind wir alle Spekulanten. Ein Unterschied zwischen solch einer privaten Spekulation und der Spekulation am Kapitalmarkt ist der, dass berufsmäßige Spekulanten meist nicht ihr eigenes Geld einsetzen, sondern das fremder Leute.

Wenn es schiefgeht, verlieren andere und müssen den Verlust ausgleichen. Und manchmal bleibt nur noch der Staat, also letztlich der Steuerzahler dafür übrig. Er ist der ultimative Zahler, *The Lender of Last Resort,* wie er auch genannt wird. Selbst wenn man die Steuern nicht erhöht und stattdessen, symbolisch ausgedrückt, die Geldruckpresse anwirft, zahlt der Bürger. Seine Ersparnisse werden dadurch entwertet. Für das gleiche Geld bekommt er weniger. Die Inflation hat zugeschlagen.

7 fette und 7 magere Kühe
7 dicke und 7 dürre Ähren

Deutung

7 ertragreiche und 7 schlechte Jahre

Maßnahmen

Zwangsabgabe 20 % auf Ernteerträge
Speicherung in Kornkammern

Ergebnis

Hungersnot kann verhindert werden
Gewinn durch Verkauf

Joseph deutet Pharaos Traum
(1. Mose 41)

Abb. 13: Nahrungsmittelspekulation in der Bibel
Josef deutet Träume des Pharaos. Er interpretierte sie als
kommende ertragreiche Ernten und folgende schlechte. In
Kornkammern sammelte er die Überschüsse und verkaufte sie
in den Jahren der Hungersnot.

Doch wie beim Zins kann man auch bei der
Spekulation feststellen, dass schon die Bibel Beispiele
für erfolgreiche Spekulation gibt. Der biblische Josef
war von seinen Brüdern als Sklave nach Ägypten ver-
kauft worden. Dort deutete er den Traum des Pharaos
von den sieben fetten und mageren Kühen, den sieben
dicken und dürren Ähren als sieben Jahre gute und
sieben Jahre schlechte Ernte. Er wurde vom Pharao
beauftragt, Speicher zu bauen, um in den ertragrei-
chen Jahren Vorräte anzulegen. In 1. Mose 41, 56-57
steht dazu geschrieben: *„Als nun im ganzen Lande
Hungersnot war, tat Josef alle Kornhäuser auf und verkaufte den Ägyptern; denn der Hunger ward je länger je*

größer im Lande. Und alle Welt kam nach Ägypten, um bei Josef zu kaufen ..." Das war nichts anderes als Spekulation, erfolgreiche Spekulation.

3.4 Kurzer Rückblick

Fassen wir ein paar entscheidende Punkte zum Thema Kapitalismus zusammen:

1. Der Kapitalismus basiert auf drei Voraussetzungen: Privateigentum an Produktionsmitteln, Steuerung der Güterherstellung und Verteilung über den Markt und Streben nach Gewinn.

2. Ohne Geld und die doppelte Buchführung ist Kapitalismus nicht vorstellbar. Geld ist Zahlungsmittel, dient zur Wertaufbewahrung und ist universeller Wertmesser für verschiedene Güter. Geld ist auch ein Machtmittel. Mit ihm übt man sogenannte kompensatorische Macht aus. Damit kann Geld zum Selbstzweck werden, sich von seiner ökonomischen Funktion lösen.

3. Menschen machen sich Vorstellung von der Zukunft und handeln danach. Damit sind auch alle Marktteilnehmer im weiteren Sinne Spekulanten. Spekulation ist somit ein unausrottbarer Bestandteil des menschlichen Daseins, der Marktwirtschaft und damit des Kapitalismus.

Wie bei jedem gesellschaftlichen System und damit auch bei jedem Wirtschaftssystem besteht auch hier die Gefahr, dass es von Einzelpersonen oder Organisationen korrumpiert wird. Damit sich die unerwünschten Auswüchse in Grenzen halten, bedarf es eines korrigierenden Gesellschaftssystems mit entsprechenden Gesetzen, die auch durchgesetzt werden können. Viele Autoren meinen, dass einzig das demokratische Gesellschaftssystem dazu in der Lage sein würde, trotz oft berechtigter Zweifel an der Qualifikation und Redlichkeit mancher Volksvertreter. Doch es gibt auch den sogenannten Staatskapitalismus (China, Russland), ohne Demokratie im westlichen Sinne.

4 Vom Geist des Kapitalismus

Wir haben festgestellt, dass alle Religionen aus mindestens drei Elementen bestehen: erstens Transzendenz, also die Überzeugung, dass es eine jenseitige Wirklichkeit gibt; zweitens Deutungshoheit, also die Tendenz, alle Geschehnisse aus der Sicht des Glaubens zu interpretieren und drittens Absolutheitsanspruch, also die Überzeugung, dass nur der eigene Glaube der richtige sein kann. Je nach konkreter Ausprägung einer Religion gibt es zusätzliche Glaubenssätze, die von den Anhängern der Religion mehr oder weniger akzeptiert werden.

Wir haben auch festgestellt, dass der Kapitalismus ebenfalls auf drei fundamentalen Voraussetzungen basiert: erstens Privateigentum, also dauerhafte Verfügungsgewalt über Güter; zweitens Marktkoordination, also die Annahme, dass Angebot und Nachfrage sich im freien Spiel der Kräfte so regeln, dass also eine optimale Güterproduktion und Versorgung gewährleistet ist und drittens Gewinnstreben, also das Bemühen jedes Marktteilnehmers, sich den größtmöglichen Vorteil zu verschaffen. Je nach konkreter Ausprägung des Kapitalismus kommen auch hier noch weitere Faktoren hinzu.

Nachdem wir nun sowohl Religion als auch Kapitalismus für unsere Zwecke untersucht haben, können wir versuchen, auf zwei Fragen Antworten zu finden. Nämlich a) Was sind die geistigen Wurzeln des

Kapitalismus? und b) Ist Kapitalismus eine Religion oder zumindest einer Religion ähnlich?

4.1 Krösus und die Soziologen

Großer Reichtum bei wenigen und Armut bei vielen ist keine Erscheinung der Neuzeit und des Kapitalismus. Sicher haben Sie schon einmal den Namen *Krösus*[35] gehört. Er war ein König in einem Teil Kleinasiens und lebte um 590 bis 541 vor unserer Zeitrechnung. Berühmt und in die Geschichte eigegangen war er besonders durch seinen sagenhaften Reichtum. Sein Gold gewann er aus einem Fluss und aus Bergwerken. Zusätzliche Einnahmen erhielt er aus Tributzahlungen der eroberten griechischen Städte und Steuern aus Handel und Wirtschaft. Es gab zwar reichere Herrscher seiner Zeit, beispielsweise in Persien. Der Eindruck unermesslichen Reichtums entstand besonders auch dadurch, dass er angeblich das Münzgeld erfunden hat, auf das sein Siegel, ein Stier und Löwe eingeprägt waren. Und diese Münzen waren in der damaligen Welt weit verbreitet und bekannt.

Es gab auch immer wieder in der Geschichte Vermögenshortungen durch kriminelle Überfälle auf See und zu Land. Und es gab auch Staatsbankrotte derart, dass der betreffende Herrscher oder das Herrscherhaus Schulden, nicht mehr zurückzahlen konnte,

---

[35] Quelle der Informationen über Krösus: www.wikipedia.de, Zugriff 27.9.2013

die aus der Kriegsfinanzierung oder einem ver-
schwenderischen Hofleben entstanden waren.

Der Soziologe, Jurist und Nationalökonom *Max
Weber (1864 – 1920)* ist der Frage nachgegangen,
weshalb sich in den westeuropäischen Staaten der
Kapitalismus entwickeln konnte und in asiatischen
Ländern nicht. Zusammengefasst hat er seine
Erkenntnisse 1920 in einem Buch mit dem Titel *Die
protestantische Ethik und der Geist des Kapitalismus.*
Und gleich in der Einleitung seines Buches steht seine
Erkenntnis, dass der Kapitalismus die *„schicksals-
vollste Macht unseres modernen Lebens"*[36] sei.

Weber ist beim Geschichtsstudium aufgefallen,
dass erst seit der Reformation, also ab etwa dem 16.
Jahrhundert eine sehr rasche Entwicklung in Richtung
heutiger Kapitalismus festzustellen ist. Das Christentum hatte sich damals aufgespalten in zwei große
Lager: Katholiken und Protestanten beziehungsweise
Reformierte. Innerhalb der protestantischen Bewe-
gung sind verschiedene Konfessionen entstanden, die
zwar alle das Papsttum ablehnten, aber ihre eigenen
Glaubenssätze entwickelt haben. Die Lutheraner beispielsweise glaubten, dass man durch ein gottgefälliges Leben in den Himmel kommen könne, dass Sün-
der durch wirkliche Reue Vergebung und Gnade vor

---

[36] Weber,M. (1905) : Die protestantische Ethik und der Geist
des Kapitalismus, (Nachdruck area Verlag 2005), S. 10

Gott finden würden, auch ohne die Vermittlung durch einen Priester.

Die Calvinisten teilten diese Ansicht nicht. *Johannes Calvin (1509 – 1564),* von dem die Calvinisten ihren Namen haben, war ein Reformator der zweiten Generation, also nach *Martin Luther (1483 - 1546).* Eine von *Calvins* starken Überzeugungen war die sogenannte doppelte Prädestination, also Vorherbestimmung. Er und seine Anhänger waren und sind überzeugt, dass Gott jeden Menschen schon seit Anbeginn der Welt, also damit auch schon vor seiner Geburt entweder für das ewige Leben oder zur ewigen Verdammnis bestimmt habe. Und das sei nicht zu ändern, weder durch gute noch durch schlechte Taten. Ungewiss bliebe allerdings, wer zu den Auserwählten gehört. Dieser Glaube an die Vorherbestimmung des eigenen Schicksals, hätte zur völligen Passivität führen können nach dem Motto: Wenn sowieso alles kommt, wie es vorherbestimmt ist, brauche ich mich nicht besonders anzustrengen. Ich kann tun und lassen was ich will, denn weder meine Gnade und der Weg in den Himmel noch die Verdammung und der Weg in die Hölle kann sich dadurch ändern.

Die Calvinisten sahen das nicht so. Weil man, so ihre Überlegungen, nicht wissen könne, ob man zu den Auserwählten gehört, müsse man sich auf Erden so verhalten, als gehöre man dazu. Das Wichtigste dabei sei, dass man unbändigen Fleiß zeigt und wirtschaftlichen Erfolg vorweisen kann. Dies wäre dann als Zeichen der Gottesgnade zu betrachten. Zeitvergeudung, Feiern, Faulenzen und übermäßiger Schlaf wären daher einige die größten Verfehlungen im menschlichen Leben.

Weber schreibt dazu: „*Es wird einerseits zur Pflicht gemacht, sich für erwählt zu halten und jeden Zweifel als Anfechtung des Teufels abzuweisen ... Und andererseits wurde, um jene Selbstgewissheit zu erlangen, als hervorragenstes Mittel rastlose Berufsarbeit eingeschärft. Sie und sie allein verscheuche den religiösen Zweifel und gebe die Sicherheit des Gnadenstandes. ... Dem Katholiken stand die Sakramentsgnade seiner Kirche als Ausgleichsmittel eigener Unzulänglichkeit zur Verfügung. ... Für ihn* [den Calvinisten] *gab es jene freundlichen menschlichen Tröstungen nicht.*"[37]

Die Reformierten kennen auch keine Mönche, keine Klöster, kein abgeschiedenes ausschließlich Gott gewidmetes Leben. Menschen, die in mönchischer oder nonnenhafter Askese die weltliche Sittlichkeit überbieten wollen, finden wenig Anerkennung. Sie werden als Weltflüchtige betrachtet, als Personen, sie sich den Anforderungen dieser Welt entziehen. Sie gelten, wie *Weber* das ausdrückt „*als Produkt egoistischer, den Weltpflichten sich entziehender Lieblosigkeit.*"[38]

---

[37] Weber, M. (1905): Die protestantische Ethik und der Geist des Kapitalismus, (Nachdruck area Verlag 2005), S. 94 , 99
[38] Weber, M. (1905): Die protestantische Ethik und der Geist des Kapitalismus, (Nachdruck area Verlag 2005), S. 67

Die mönchische Askese habe sich nach *Weber* bei den Reformierten verweltlicht. Anstelle der unbedingten Arbeit am eigenen Seelenheil kommt die unbedingte aufopfernde Arbeit am weltlichen Erfolg. Es ist für die Calvinisten nicht verdammenswert viel zu besitzen, also reich zu sein. Es ist nur Sünde, diesen Besitz zu genießen, ihn für ein bequemes Luxusleben zu verbrauchen und nicht zu vermehren. Damit ist ein wichtiger Überlebensmechanismus des Kapitalismus geboren: das immerwährende, immer erforderliche Wachstum durch rastlose Arbeit.

Die religiösen Einstellungen und Glaubenssätze der Reformierten, haben somit den Boden bereitet, auf dem sich der „Geist des Kapitalismus" innerhalb kurzer Zeit entfalten konnte. Auf den letzten Seiten seiner soziologischen Studie schreibt *Weber*: *„Indem die Askese aus den Mönchszellen heraus in das Berufsleben übertragen und die innerweltliche Sittlichkeit zu beherrschen begann ... half sie an ihrem Teil daran, jenen mächtigen Kosmos der modernen ... Wirtschaftsordnung [zu] erbauen, der heute den Lebensstil aller einzelnen ... mit überwältigendem Zwang bestimmt und vielleicht bestimmen wird, bis der letzte Zentner fossilen Brennstoffs verglüht ist."* [39]

Einzelne von *Webers* Thesen wurden zwar angezweifelt, es gab und gibt Argumente dafür und

---

[39] Weber, M. (1905): Die protestantische Ethik und der Geist des Kapitalismus, (Nachdruck area Verlag 2005), S. 169

dagegen. Aber seine Überlegungen und Folgerungen sind dennoch bis heute, also fast einhundert Jahre nach der Veröffentlichung der Studie, weitgehend akzeptiert. Man könnte es so zusammenfassen:

Eine bestimmte Ausprägung der christlichen Religion, besonders des Calvinismus, hat die geistigen Wurzeln gelegt für den heutigen Kapitalismus. Weil sich dieses Wirtschaftssystem trotz mancher Mängel gegenüber anderen Systemen, wie Sozialismus und Kommunismus erfolgreich etabliert hat, wurde es zu einem Selbstläufer. Dabei sind die sittlichen-religiösen Grundlagen der calvinistischen Denkweise mit der Zeit verloren gegangen. Die rein materiellen Gesichtspunkte haben nach und nach das Denken der Marktteilnehmer bestimmt.

4.2 Vergleiche

Die Geistigen Wurzeln des Kapitalismus liegen also bei den christlich Reformierten. Zumindest ist es eine dicke Wurzel, die den Kapitalismus mit Nährstoffen versorgt. Und ganz zu Beginn sind uns einige Analogien aufgefallen zwischen religiösen und kapitalistischen Begriffen: Weltschöpfung – Kreditschöpfung, Schuld – Schulden, Beichte – Insolvenz, Gotteshaus – Konsumtempel, Glaubensgut – Konsumgut. Das allerdings allein genügte nicht, um zu behaupten, Kapitalismus sei eine Religion oder einer Religion ähnlich. Wir müssen noch etwas tiefer schürfen. Dabei hilft uns ein Religionsmodell mit dem Dreieckdach aus

Transzendenz, Deutungshoheit, Absolutheitsanspruch auf den vier Säulen mit den Aufschriften: Mystik, Ethik, Mythos und Ritual.

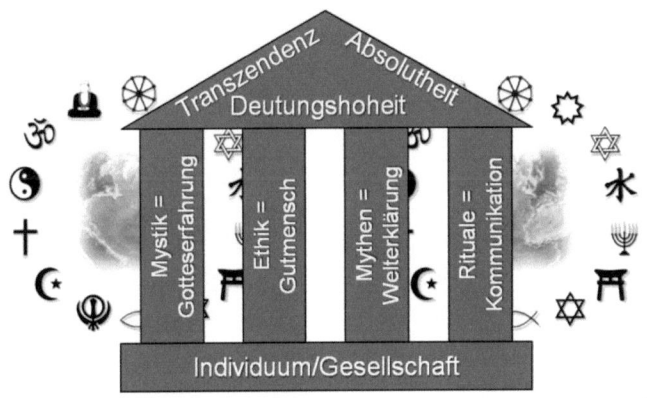

Abb. 14: Gebäude der Religion
Transzendenz, Absolutheitsanspruch und Deutungshoheit sind die bestimmenden Kriterien, die allen Religionen zugeschrieben werden können. Vermittelt werden sie durch Mystik, Ethik, Mythen und Rituale.

4.2.1 Transzendenz des Kapitalismus

Nehmen wir uns nun diese Begriffe aus der Religion einzeln vor und fragen uns, ob man auch den Kapitalismus damit beschreiben kann. Transzendenz bezeichnet ja den Glauben an eine Wirklichkeit, die das alltäglich Wahrnehmbare überschreitet. Dennoch wird das Jenseitige subjektiv für wahr gehalten. Im religiösen Bereich wären es beispielsweise die Überzeugungen, dass es einen Gott oder Götter gibt, einen Himmel, eine Hölle oder eine unsterbliche Seele. Ein transzendentes Element im Kapitalismus ist der Markt. Ihm wird die Fähigkeit zugeschrieben, die egoistischen Bestrebungen der Marktteilnehmer zu koordinieren, zu zügeln und automatisch für das Gemeinwohl zu sorgen. Die Metapher dafür ist die „unsichtbare Hand" des *Adam Smith.*

Transzendent ist auch das Geld. Es ist zwar ein Mittel zum Warentausch, zur Wertaufbewahrung und es dient als Wertmaßstab. Darüber hinaus stellt es auch Macht dar, sogenannte kompensatorische Macht. Dem Wert des Geldes stehen lange schon keine realen Güter mehr gegenüber. Geldwert ist Vertrauens- und damit Glaubenssache. In dieser Eigenschaft zeigt es über das konkret Erfahrbare hinaus.

4.2.2 Deutungshoheit des Kapitalismus

Den Anspruch, die Welt und den Sinn des menschlichen Lebens zu deuten, hatten bisher die Religionen. Aus deren Sicht wurden aktuelle Ereignisse betrachtet und gedeutet. Zwar gab es immer schon Schwierigkeiten zu begründen, weshalb ein angeblich gütiger und liebender Gott so viel Leid auf der Erde zulässt, das sogenannte Theodizee-Problem. Aber auch Katastrophen wie Erdbeben, Seuchen oder Kriege konnte man in zurückliegenden Jahrhunderten als Strafe für sündhaftes Verhalten oder als Nachwirkungen der sogenannten Erbsünde aus religiöser Sicht weginterpretieren.

Probleme gibt es zudem, die Existenz Gottes zu „beweisen". Und wenn es versucht wurde, und es gibt seit Jahrhunderten viele Versuche, dann sind diese Beweise für Normalsterbliche schwer nachzuvollziehen. Der katholische Theologe *Julis Seiter* meint ganz deutlich: *„Niemand käme auf den Gedanken, etwa Kindern die Gottesbeweise vorzulegen. Es empfiehlt sich aber auch nicht, sie Erwachsenen vorzutragen, die nicht über die entsprechende logische und metaphysische Schulung, über ein reifes Urteil und eine gewisse Abgeklärtheit des Geistes verfügen."*[40] Wer die Gottesbeweise also nicht versteht, der hat eben ein kindliches Gemüt und nur begrenzte Auffassungsgabe.

Dadurch, dass sich Sozialismus und Kommunismus weitgehend als Wirtschafts- und Gesellschaftssysteme verabschiedet haben, bleibt in den Augen vieler nur noch der Kapitalismus mit seiner Marktwirtschaft übrig. Die meisten Menschen in den industriell entwickelten Staaten sind in dieses marktwirtschaftliche System hineingeboren und leben darin. Wer aber im täglichen Leben keine Alternativen erfahren kann, wird mit großer Wahrscheinlichkeit die wirtschaftlichen Vorgänge nach den Regeln interpretieren, die er meist schon verinner-

---

[40] Seiter, J. (1965): Das Dasein Gottes als Denkaufgabe. Darlegung und Bewertung der Gottesbeweise, S. 20

licht hat. Und auch wer Kapitalismuskritik übt, kann zwar theoretisch bessere Modelle entwerfen, denen aber der Weg in die erfolgreiche Praxis bisher versperrt geblieben ist. Damit erhält und fordert der Kapitalismus zumindest die ökonomische, wenn nicht sogar kulturelle Deutungshoheit.

4.2.3 Absolutheitsanspruch des Kapitalismus

Mit Geld ist ein Medium entstanden, das nach und nach alle Lebensbereiche durchdrungen hat. Da Kapitalismus nicht eine statische Ansammlung von Gütern ist, sondern ein dynamischer Prozess, ergibt sich, so die Folgerung des US-amerikanischen Soziologen *Immanuel Wallerstein (*1930), „dass kein sozialer Vorgang von einer möglichen Vereinnahmung wirklich ausgeschlossen ist. Aus diesem Grund kann man sagen, dass die historische Entwicklung des Kapitalismus den Drang beinhaltet, alle Dinge in Waren zu verwandeln."*[41]

Der Absolutheitsanspruch des marktwirtschaftlichen Kapitalismus zeigt sich auch darin, dass sogar sehr persönliche Gefühle wie Liebe, Beziehungen wie Partnerschaft oder Ehe oder Ereignisse wie Heirat, Geburt und Tod den Marktgesetzen unterworfen werden. Es gibt beispielsweise den Partner- und den Heiratsmarkt. Und durch den Organhandel, ob über freiwillige oder kriminelle Entnahme,

---

[41] Wallenstein, I. (1984): Der historische Kapitalismus, S. 11

wird auch noch nach dem letzten Atemhauch der menschliche Körper kommerziell verwertet.

Das erste der Zehn Gebote lautet: *„Du sollst keine anderen Götter neben mir haben."* Ein analoges Gebot des Kapitalismus müsste lauten: Du sollst kein anderes Wirtschaftssystem neben mir haben.

4.2.4 Säulen des Kapitalismus

Es wurde bereits dargelegt, dass die Elemente Transzendenz, Deutungshoheit und Absolutheitsanspruch bei einer Religion durch Mystik, Ethik, Mythen und Rituale vermittelt und stabilisiert werden. Wir können ähnliches auch beim Kapitalismus feststellen. Das Dach des Kapitalismusgebäudes ist zur Religion verschieden, die Säulen, auf denen es ruht, sind gleich.

Mystik. *„Der Ausdruck Mystik bezeichnet Berichte und Aussagen über die Erfahrung einer göttlichen oder absoluten Wirklichkeit sowie die Bemühungen um eine solche Erfahrung."*[42] Der Kapitalismus ist, zumindest für seine uneingeschränkten Verfechter, ebenfalls eine „absolute Wirklichkeit". Die Marktgesetze werden ähnlich Naturgesetzten als Regeln betrachtet, denen man sich nicht entziehen kann. Es wird dabei unterschlagen, dass verschiedene ökonomische Schulen den gleichen Sachverhalt nach anderen „Gesetzen" interpretieren.

---

[42] www.wikipedia.de: Mystik, Zugriff 2.1.2012

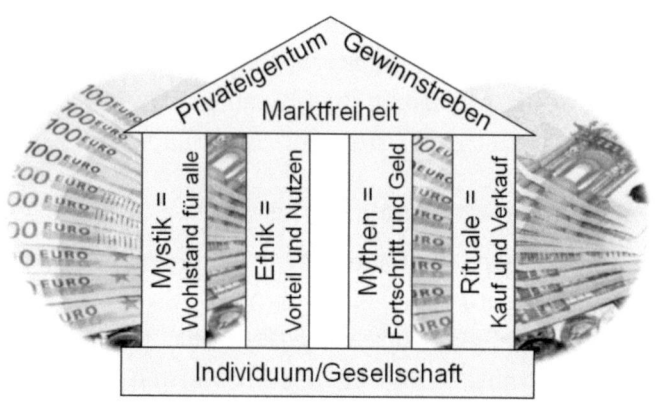

Abb. 15: Gebäude des Kapitalismus
Bestimmende Kriterien, das Dach, sind Privateigentum an
Produktionsmittel, Güterkoordination über einen freien Markt
und Streben nach Gewinn. Mystik, Ethik, Mythen und Rituale
sind auch Säulen des Kapitalismus, wie bei der Religion.

Ethik. *„Die allgemeine Ethik ... wird heute als
eine philosophische Disziplin verstanden, deren Aufgabe es ist, Kriterien für gutes und schlechtes Handeln
und die Bewertung seiner Motive und Folgen aufzustellen.“* [43] In diesem Sinne hat auch der Kapitalismus
seine Ethik. Was „gut" ist oder „schlecht" unterscheidet sich aber vom allgemeinen Verständnis. Man
könnte die Ethik des Kapitalismus so formulieren:
Was für den wirtschaftlichen Erfolg des Marktteilnehmer fördert, ist „gut", was ihn behindert, ist

---

[43] www.wikipedia.de: Ethik, Zugriff 2.1.2012

„schlecht". Der schon erwähnte *Max Weber* schränkt dies allerdings ein, indem er meint: *„Schrankenlose Erwerbsgier ist nicht im mindesten gleich Kapitalismus, noch weniger gleich dessen ´Geist´."*[44] – *„Der Kapitalismus kann den ... undisziplinierten ... Arbeiter nicht brauchen, so wenig er ... den schlechthin skrupellosen Geschäftsmann brauchen kann."*[45]

Mythos. *„Ein Mythos ist in seiner ursprünglichen Bedeutung eine Erzählung, mit der Menschen und Kulturen ihr Welt- und Selbstverständnis zum Ausdruck bringen."*[46] Mythen enthalten einen wahren Kern, zumindest aus der Sicht der betroffenen Gesellschaft. Die meisten Religionen kennen einen Schöpfungsmythos vom Anfang der Welt und der Entstehung des Menschen. Auch der Kapitalismus hat seinen Schöpfungsmythos: Naturalwirtschaft – Tauschwirtschaft – Geldwirtschaft – Kapitalismus. Ein weiterer Mythos besteht darin, dass nur der Kapitalismus in der Lage sei, für eine ausgewogene „gerechte" Güterproduktion und Verteilung zu sorgen. Ein Mythos ist auch, dass der Mensch ein rationales Wesen sei, und er immer so entscheiden würde, damit sein Nutzen maximiert wird. Es ist das Modell des *Homo oeconomicus.* Selbstlose Handlungen, Aufopferung für andere, Mit-

---

[44] Weber, M. (1905): Die protestantische Ethik und der Geist des Kapitalismus, (Nachdruck area Verlag 2005), S. 11
[45] Weber, M. (1905): Die protestantische Ethik und der Geist des Kapitalismus, (Nachdruck area Verlag), S. 45
[46] www.wikipedia.de: Mythos, Zugriff 2.2.2012

leid und Mitgefühl werden in dieses Schema einge-
baut, indem man bei solchen Handlungen einen „emo-
tionalen Nutzen" bei der betreffenden Person unter-
stellt.

Ritual. *„Ein Ritual ist eine nach vorgegebenen
Regeln ablaufende, meist formelle und oft feierlich-
festliche Handlung mit hohem Symbolgehalt. Sie wird
häufig von bestimmten Wortformeln und festgelegten
Gesten begleitet."*[47]. Rituale stabilisieren eine Gesellschaft und machen Kommunikation eindeutiger,
soweit die Teilnehmer Gesten, Mimik und Handlung
kennen. Rituale beim Christentum wären beispielsweise Taufe oder Abendmahl. Bei Katholiken gehört
auch die Beichte dazu. Der Gottesdienst ist durchsetzt
mit Ritualen.

Das dominierende Ritual im Kapitalismus ist
Kauf-Verkauf. Je nach Region und Anlass kann es das
reduzierte Kaufritual im Supermarkt sein, der Verkauf
oder Kauf per Handschlag früher auf dem Pferde-
markt oder die formelle und fast feierliche Unter-
zeichnung eines Übernahmevertrages zwischen
Unternehmen. Börsenhändler bei den sogenannten
Präsenzbörsen haben Rituale, mit denen sie anzeigen,
ob und zu welchem Preis sie ein Wertpapier kaufen
oder verkaufen wollen.

---

[47] www.wikipedia.de: Ritual, Zugriff 2.1.2012

4.3 Folgerungen aus den Gemeinsamkeiten

Aus all diesen Ausführungen kann man schließen, dass der Kapitalismus die gleichen Elemente und Techniken nutzt, um sein Ideengebäude zu verbreiten, zu stabilisieren und zu verteidigen, wie sie auch bei Religionen vorkommen. Einerseits wurde durch das reformierte Christentum, insbesondere durch den Calvinismus eine gut gedüngter Boden vorbereitet, auf dem der Kapitalismus wachsen konnte. Anderseits aber hat sich der Kapitalismus mit zunehmendem Erfolg verselbständigt.

Zu Beginn wurde aus einem Fragment von *Walter Benjamin* zitiert mit der Überschrift *Kapitalismus als Religion. Benjamin* meinte, dass der Kapitalismus dieselben Sorgen, Qualen und Unruhen befriedigen würde, auf die ehemals die Religionen Antwort gegeben hätten. Während jedoch zumindest die christlichen Religionen einen Menschen entsühnen können, indem sie Vergebung anbieten, kann dies der Kapitalismus nicht. Er lebt von der Verschuldung, die immer weiter voranschreiten muss und vom Wachstum, ohne das er nicht existieren kann.

Doch kein Wirtschafts- oder Gesellschaftssystem existiert ewig. Irgendwann wird auch der Kapitalismus abgelöst werden von einem andern Wirtschaftssystem. Wann dies sein wird, wie dieses andere System aussehen könnte und ob die Menschen damit besser bedient sein werden, ist jedoch höchst ungewiss.

5 Noch ein anderer Blick

Mit den vorher beschriebenen Folgerungen könnte man die Betrachtungen über Kapitalismus als Religion abschließen. Aber es gibt noch eine weitere bedeutsame Gemeinsamkeit zwischen diesen gesellschaftlichen Phänomenen. Wir haben ja schon festgestellt, dass beides Systeme sind, gesellschaftliche Systeme. Auch Tiere, generell Lebewesen sind Systeme, biologische Systeme. Gibt es nun Gemeinsamkeiten zwischen diesen System-Typen? Würden sich daraus neue Erkenntnisse ergeben auch für Religion und Kapitalismus?

Der chilenische Neurobiologe, Mediziner und Philosoph *Humberto R. Maturana (*1928)* hat sich der Frage zugewandt, ob es Übereinstimmungen gibt zwischen biologischen und sozialen Systemen. Gemeinsam mit dem ebenfalls chilenischen Biologen und Kybernetiker *Francisco J. Varela (*1946)* hat er die Erkenntnisse 1984 in einem Buch zusammengefasst mit dem Titel *Der Baum der Erkenntnis – Die biologischen Wurzeln menschlichen Erkennens.*

Dann gibt es noch den deutschen Soziologen und Gesellschaftstheoretiker *Niklas Luhmann (1927 – 1998). Luhmann* hat einige Anregungen von *Maturana* in seine soziologische Systemtheorie übernommen.

5.1 Kriterien des Lebendigen und Sozialen

Was ist ein Lebewesen? Sofort werden uns unzählige Beispiele einfallen: Hund, Katze, Pferd, Tiger, Elefant, Krokodil, Ratte, Schlange, Biene, Amöbe, Vogel, Mensch, etc. Doch was haben Amöben, also Einzeller, mit Elefanten oder gar Menschen gemein? Es sind vier Eigenschaften, die das Leben charakterisieren:

1) Abgeschlossenheit,
2) Umweltorientierung,
3) Energieaufnahme,
4) Reproduktionsfähigkeit.

Abgeschlossenheit bedeutet, dass zwischen dem Lebewesen und der Umwelt eine eindeutige Grenze besteht, beispielsweise die Haut bei uns Menschen oder die Membran bei Zellen. Umweltorientierung meint, dass Informationen aus der Umwelt aufgenommen, gespeichert und wieder erinnert werden können. Ein zentrales Nervensystem oder gar Gehirn sind dazu nicht erforderlich. Energieaufnahme wäre die Fähigkeit, der Umwelt Energie zu entziehen, damit die Lebensfunktionen aufrechterhalten werden können. Tiere fressen Pflanzen oder andere Tiere, Pflanzen entziehen dem Boden Nährstoffe. Und Reproduktion meint, dass ein Lebewesen in der Lage ist, eigene Nachkommen seiner Art herzustellen. Bei Tieren gehört dazu, dass die Nachkommen mindestens bis ins geschlechtsreife Alter kommen müssen.

Wenn man diese vier Kriterien zugrunde legt, dann gehören natürlich auch Pflanzen zu den Lebewesen, obwohl die Alltagssprache dies nicht meint. Denn Pflanzen sind abgeschlossen, können sich an der Umwelt orientieren, nehmen Energie auf und können Kopien ihrer selbst herstellen. Sie sind als „Individuum" eben nur nicht mobil.

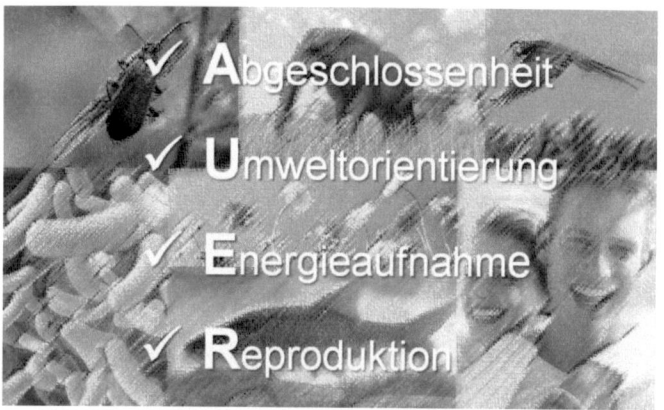

Abb. 16: Kriterien des Lebendigen
Aus der Vielzahl möglicher Einzeleigenschaften gelten für alle Lebewesen, dass sie abgeschlossen sind, sich an der Umwelt orientieren müssen, von außen Energiezufuhr benötigen und sich selbst reproduzieren können.

Betrachten wir nun einmal ein paar soziale Systeme. Ein Unternehmen beispielsweise wäre eines. Aber auch eine Religion (bzw. die Kirche) gehört dazu oder der Kapitalismus (bzw. die kapitalistisch organisierte Gesellschaft). Abgeschlossenheit bedeutet hier, dass es Kriterien gibt, nach denen man dazu gehört oder nicht (Beispiel: man ist Christ oder Muslim, aber nicht beides; man ist Kapitalist oder Kommunist, aber nicht beides). Umweltorientierung meint, dass man sich orientieren muss an dem, was im gesellschaftlichen Umfeld sonst noch geschieht (Beispiel: Hexenverbrennungen sind in aufgeklärten Gesellschaften nicht mehr akzeptabel). Energieaufnahme heißt hier, dass man von außen Ressourcen dem System zuführen muss, damit es überleben kann (Beispiel: Kirchensteuer, Gewinn). Und Reproduktionsfähigkeit wäre hier anzusehen als die Fähigkeit, immer wieder Mitglieder hervorzubringen und an sich zu binden, die aussterbende oder austretende Mitglieder ersetzen. Dazu gehören auch Neugründungen von Organisationen mit gleichen oder ähnlichen Zielsetzungen.

Maturana meint nun: *„Es besteht keine Diskontinuität zwischen dem Sozialen und dem Menschlichen sowie den biologischen Wurzeln."*[48] Damit ist gemeint, dass ein biologisches und ein soziales System prinzipiell gleich beschrieben werden können. Denn: *„Ein Lebewesen ist durch seine autopoietische Organisation charakterisiert. Verschiedene Lebewesen unterscheiden sich durch verschiedene Strukturen, sie sind aber in Bezug auf die Organisation gleich."*[49]

Was ist das, Autopoiese? Darunter wird die Fähigkeit eines Lebewesens/einer Organisation verstanden, sich andauernd selbst zu erzeugen (griech.

---

[48] Maturana, H. R. /Varela, F. J. (1984): Der Baum der Erkenntnis, S. 33
[49] Maturana, H. R. /Varela, F. J. (1984): Der Baum der Erkenntnis, S. 55

autos = selbst; *poiein* = machen). Tiere erzeugen über den genetischen Bauplan wiederum Tiere, die mit dem Erzeuger aus biologischer Sicht fast identisch sind. Und auch Organisationen, die aus anderen hervorgehen, weisen eine große Übereinstimmung mit ihrem Ursprung auf. Dies ist die Reproduktion: Aus einer Einheit (z.B. Frau) entsteht durch ein bestimmter Prozess (z.B. Befruchtung) eine andere Einheit der gleichen Klasse (z.B. das Kind).

5.2 Das universelle Modell

Wie führen nun diese Betrachtungen zu einem universellen Modell sowohl für Lebewesen als auch für soziale Systemen, wie dies Religionen oder der Kapitalismus sind? Wenn ein Lebewesen (und damit sind im Folgenden auch „soziale Lebewesen", also Organisationen gemeint) weiterhin existieren soll, dann muss es sich der Umwelt laufend anpassen. Dazu muss es mit der Umwelt, dem Milieu kommunizieren. Allerdings darf es dabei nicht seine eigene Struktur so verändern, dass es dauerhaft instabil wird. Dies wäre der Tod.

Die Interaktion mit dem Milieu dient dazu, die Verträglichkeit des Lebewesens mit dem Milieu aufrecht zu erhalten. Dies kann man als Lernen bezeichnen. Diese Interaktion koppelt also die Struktur des Lebewesens mit der Umwelt, ist daher eine „strukturelle Koppelung". Zum Milieu, also der Umwelt eines Lebewesens gehören nicht nur die leblose Natur sondern auch andere Lebewesen. Zu ihnen muss ebenfalls eine Kommunikation unterhalten werden. Es kommt dadurch zu einer sogenannten Ko-Evolution wie z.B. zwischen Fuchs und Hase, also Räuber und Beute. Die beeinflusst die weitere Entwicklung jedes beteiligten Organismus.

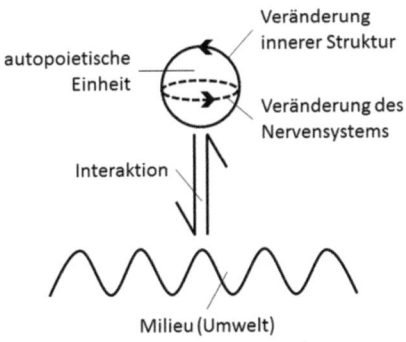

Abb. 17: Koppelung Organismus mit Milieu
Ein Organismus muss durch Kommunikation mit der Umwelt seine eigene Struktur überlebensfähig halten. Er ist eine „autopoietische Einheit", sie sich immer wieder selbst erzeugen kann. Veränderungen dürfen nicht so stark sein, dass die innere Struktur zerstört wird. Das wäre der Tod.

Besonders beim Menschen mit Sprache und Bewusstsein seiner selbst, entstehen dadurch neue Phänomene und damit neue erweiterte Möglichkeiten der Kommunikation mit dem Milieu. Es gilt aber immer: *„Der wichtigste Aspekt der Organisation eines*

Organismus ist seine Weise, Einheit in einem Milieu zu sein, in dem er mit stabilen Eigenschaften operieren kann.“[50]

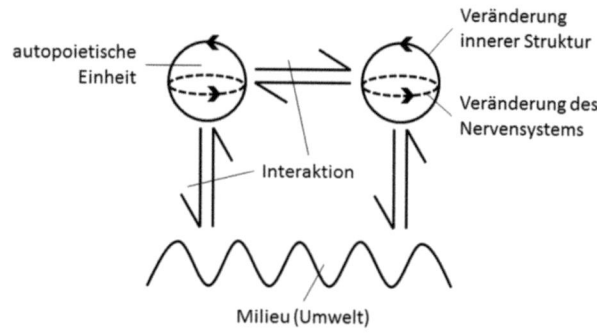

Abb. 18: Mehrfache strukturelle Koppelungen
Das Milieu eines Organismus ist nicht nur die unbelebte Umwelt. Es sind auch andere Organismen, bei Organisationen auch andere Organisationen bzw. Menschen. Die strukturellen Koppelungen werden dadurch sehr komplex und unübersichtlich.

Was wäre, trotz der formalen Ähnlichkeiten, der wesentliche Unterschied zwischen einem Organismus und einem menschlichen sozialen System? Bei Organismen wird die Freiheit seiner Komponenten eingeschränkt. Sie haben dem Organismus zu dienen. Menschliche Gemeinschaften dagegen können die

---

[50] Maturana, H. R. /Varela, F. J (1984).: Der Baum der Erkenntnis, S. 216

individuelle Kreativität erweitern, weil das System für seine Mitglieder existiert. Allerdings können menschliche Gemeinschaften auch dazu führen, dass sie das Verhalten ihrer Mitglieder zwangsweise stabilisieren, durch rigide Normen und drakonische Strafen. Damit wird aber die Möglichkeit eingeschränkt, sich an veränderte Milieus anzupassen. Die sogenannte strukturelle Koppelung führt nicht mehr zu einer Anpassung, sondern nach und nach zur Destabilisierung und in der Folge zur Zerstörung der Gemeinschaft.

Der Kommunismus beispielsweise ging auch deshalb zugrunde, weil er sich nicht an die Umwelt anpassen konnte und seine Mitglieder durch rigide Maßnahmen im System gehalten werden sollten. Die starren etablierten Weltreligionen seien ebenfalls auf dem Weg dahin, meinen einige Religionssoziologen.

Sowohl Religion also auch Kapitalismus sind autopoietische soziale Einheiten, also Einheiten, die sich selbst reproduzieren. Sie haben eine innere Struktur (Glaubenssätze, Regeln, Marktgesetze), die sie über die Kommunikation mit der Umwelt zwar anpassen, aber prinzipiell aufrechterhalten wollen und müssen. Beide sozialen Systeme schränken die Kreativität, also die Freiheit des Denken und Handeln ihrer Mitglieder ein. Sie stehen in direkter oder indirekter Konkurrenz zu anderen sozialen Gebilden und entwickeln sich mit ihnen fort (Ko-Evolution). Leben, auch das Leben von Gesellschaften, ist nach *Maturana* immer Erkennen und Lernen. Es ist *„Ausdruck einer*

Strukturkoppelung ... in der die Verträglichkeit zwischen der Arbeitsweise des Organismus und des Milieus aufrechterhalten wird."[51]

5.3 Organisationen wollen überleben

Eine soziale Organisation ist also wie ein Organismus zu betrachten. Nach *Luhmann* wird eine Organisation *„als ein Herrschaftssystem verstanden, das hierarchisch organisiert ist, um die Zweckerreichung in der Form der Befehlsverfolgung ohne Rücksicht auf die Motivationsstruktur der übrigen Beteiligen zu erreichen."*[52] Weiter folgert *Luhmann,* dass alle Entscheidungen, die von einer Organisation getroffen werden, sich daran messen lassen müssen, das die Organisation in Ihrem Bestand nicht gefährdet wird. Oder, wie man es auch einfacher ausdrücken kann: Ziel einer Organisation, also beispielsweise einer Firma, eines Vereins, einer Religionsgemeinschaft ist aus deren Innensicht das Überleben! Dies gilt auch dann, wenn die Organisation aus gesellschaftlicher Außensicht eigentlich keine Existenzberechtigung mehr hat oder der Gesellschaft sogar schadet.

Zusätzlich erfüllen Organisationen eine weitere wichtige Funktion, nämlich die Bewältigung von Unsicherheit in einer grundsätzlich langfristig unvor-

---

[51] Maturana, H. R. /Varela, F. J. (1984): Der Baum der Erkenntnis, S. 188
[52] Luhmann, N. (1973): Zweckbegriff und Systemrationalität, S. 70

hersehbaren Welt, die nicht nur so wie sie ist, sondern auch anders oder auch gar nicht sein könnte. Der Fachbegriff lautet: Kontingenzbewältigung. Dies gilt in unserem Fall sowohl für die Religionen als auch für den Kapitalismus. Die nicht überschaubare Komplexität der Wirklichkeit soll reduziert werden auf einfacherer und damit verstehbare Regeln, auch wenn diese Regeln nur begrenzt die objektive Wirklichkeit widerspiegeln.

Man könnte die Gemeinsamkeit von Religion und Kapitalismus aus Systemsicht daher vielleicht so beschreiben: Beides sind komplexe soziale Systeme (Organismen), die im Milieu (Umwelt) überleben wollen, sie selbst immer wieder reproduzieren müssen (Autopoiese) und von den Mitgliedern Unterordnung (Gehorsam) unter die jeweiligen Systemzwecke (Sinn) fordern. Sie bestehen nur solange, wie es ihnen gelingt, die Kommunikation mit der Umwelt und anderen sozialen Systemen so zu bewältigen, dass die eigene innere Struktur erhalten bleibt (strukturelle Kommunikation). Sowohl bei Religion als auch beim Kapitalismus gibt es Glaubensätze, wie die bisherigen Ausführungen gezeigt haben. Und für beide gilt wohl, wie es *Luhmann* formuliert: *„Man muss schon glauben wollen, um glauben zu können."*[53]

Es gibt also gläubige Anhänger einer Religion als auch gläubige Anhänger des Kapitalismus. Seltsa-

---

[53] Luhmann, N. (2000): Die Religion der Gesellschaft, S. 272

merweise gelingt es einigen Individuen, gleichzeitig Anhänger von beidem zu sein. In früheren Zeiten musste man Mitglied der Religionsgemeinschaft oder einer Kirche sein, damit man an anderen Gesellschaftssystemen teilnehmen konnte. Heute braucht man das nicht mehr. Auch Atheisten oder Agnostiker können im marktwirtschaftlich kapitalistischen Wirtschaftssystem erfolgreich agieren. Manchmal scheint es so, als wären bestimmte moralische Grundsätze aus den Religionen dabei eher hinderlich.

Doch es zeigt auch, wie flexibel manche Personen sind, wie sie in beiden Systemen erfolgreich zu überleben verstehen oder das eine als Mittel für die Zwecke des anderen nutzen können. Diese Flexibilität lässt die Hoffnung aufkeimen, dass auch nach Religion oder Kapitalismus die Menschheit Organisationsformen findet, mit denen sie ihre Unsicherheit bewältigen und ihr Überleben sichern kann. Hoffnung ist aber keine Gewissheit. Scheitern ist immer möglich. Keine Tierart und auch keine Organisation haben bisher unverändert dauerhaft überlebt.

Literaturverzeichnis

Appleby, J. (2011). *Die unbarmherzige Revolution - Eine Geschichte des Kapitalismus.*

Baecker, D. (Hrsg., 2009). *Kapitalismus und Religion.*

Becker, A. (Hrsg., 2003). *Gene Meme und Gehirne. Geist und Gesellschaft als Natur.*

Bell, D., & Kristol, I. (Hrsg., 1984). *Die Krise in den Wirtschaftstheorien.*

Blackmore, S. (2010). *Die Macht der Meme - oder Die Evolution von Kultur und Geist.*

Bonner, S., & Weiss, A. (2011). *Heilige Scheiße: Wären wir ohne Religion besser dran?*

Dawkins, R. (1978). *Das egoistische Gen.*

Dawkins, R. (2007). *Der Gotteswahn.*

Deutschmann, C. (2001). *Die Verheißung des absoluten Reichungs. Zur religiösen Natur des Kapitalismus.*

Dunn, M. H. (1998). *Das Unternehmen als ein soziales System.*

Fulcher, J. (2011). *Kapitalismus.*

Galbraith, J. K. (1987). *Anatomie der Macht.*

Graeber, D. (2011). *Schulden - Die ersten 5000 Jahre.*

Graf, F. W. (2008). 10 Thesen zur Religion im 21. Jahrhundert. *GEOkompakt Nr. 16*, 20-23.

Hitchens, C. (2007). *Der Herr ist kein Hirte. Wie Religion die Welt vergiftet.*

Illouz, E. (2007). *Der Konsum der Romantik.*

Leidinger, H. (2008). *Kapitalismus.*

Luhmann, N. (1973). *Zweckbegriff und Systemrationalität.*

Luhmann, N. (2002). *Die Religion der Gesellschaft.*

Marx, K. (1890 [1962]). *Das Kapital. Kritik der politischen Ökonomie - Erster Band.*

Maturana, H. R., & Varela, F. J. (1984). *Der Baum der Erkenntnis. Die biologischen Wurzeln menschlichen Erkennens.*

Pawlik, K. (2006). *Handbuch Psychologie. Wissenschaft - Anwendung - Berufsfelder.*

Schlieter, J. (2010). *Was ist Religion? - Texte von Cicero bis Luhmann.*

Sedlacek, T. (2009). *Die Ökonomie von GUT und BÖSE.*

Seiter, J. (1965). *Das Dasein Gottes als Denkaufgabe. Darlegung und Bewertung der Gottesbeweise.*

Siefer, W., & Weber, C. (2008). *ICH - Wie wir uns selbst erfinden.*

Smith, A. (1776 [1974]). *Über den Wohlstand der Nationen.*

Söling, C. (2002). *Der Gottesinstinkt - Bausteine für eine evolutionäre Religionstheorie. Dissertation.* Uni Gießen.

Sombart, W. (1922 [1984]). *Liebe, Luxus und Kapitalismus. Über die Entstehung der modernen Welt aus dem Geist der Verschwendung.*

Sundermaier, T. (2007). *Religion - was ist das? Religionswissenschaft im theologischen Kontext.*

Thomas, A. (1996). *Psycholgie interkulturellen Handelns.*

vonBraun, C. (2012). *Der Preis des Geldes. Eine Kulturgeschichte.*

Wallerstein, I. (1984). *Der historische Kapitalismus.*

Weber, M. (1904 [2005]). *Die prostetantische Ethik und der Geist des Kapitalismus.*

Wilson, E. O. (2013). *Die Soziale Eroberung der Erde - Eine biologische Geschichte des Menschen.*

Wunn, I. (2004). *Die Evolution der Religionen.*
    Habilitationsschrift. Uni Hannover.

Zoche, H. J. (1999). *Jesus und die Marktwirtschaft.*
    Kapitalismus auf dem Prüfstand der
    Menschlichkeit.

Verzeichnis der Abbildungen

Verzeichnis der Bildzitate

[Abb. 1] http://www.welt.de/kultur/article9853745/
Rettet-Walter-Benjamin-vor-seinen-Fans.html;
https://medienwatch.wordpress.com
[Abb. 2] http://adflash.eu/neue-werbung/verdammt-
gutes-brot/
[Abb. 3] http://cdn3.spiegel.de
http://imgc.allpostersimages.com
http://imgc.allpostersimages.com
[Abb. 9] www.aristiralim.com
[Abb. 10] http://www.thefederalistpapers.org/category/
political-philosophers/adam-smith
http://www.stockholm4kids.com/spectator-sports-and-
the-arts/the-theater-%E2%80%93-the-stage-puppets-
and-marionettes/
[Abb. 12] http://cache.boston.com/bonzai-
fba/Globe_Photo/2006/04/30/1146393129_7137.jpg
[Abb. 13]
http://img.posterlounge.de/images/wbig/raffaello-
sanzio-raffael-joseph-deutet-traeume-des-pharao-
171432.jpg

Bücher vom gleichen Autor

Die Alpträume des Dr. Thilo Sarrazin
Fakten und Folgerungen aus und zu dem Buch
Deutschland schafft sich ab
ISBN 978-3-8423-9525-1

Der Eurofrust des Dr. Thilo Sarrazin
Fakten und Folgerungen aus und zu dem Buch
Europa braucht den Euro nicht
ISBN 978-3-8448-9580-3

Die Schlange in uns
Warum und wie wir verführbar sind
ISBN 978-3-8448-7241-5

Entscheidend
Psychologie und Technik besserer Entscheidungen
ISBN 978-3-8482-2078-6

Single, Paar und Marktwirtschaft
Partnerwahl abseits romantischer Liebe
ISBN 978-3-8482-2942-0

Alle Bücher sind auch als E-Book erhältlich.